FACULTÉ DE DROIT DE POITIERS.

DE
L'AUCTORITAS TUTORIS

EN DROIT ROMAIN

DES AUTORISATIONS
DE PLAIDER

NÉCESSAIRES

AUX COMMUNES ET ÉTABLISSEMENTS PUBLICS

EN DROIT FRANÇAIS

THÈSE

PRÉSENTÉE A LA FACULTÉ DE DROIT DE POITIERS
POUR OBTENIR LE GRADE DE DOCTEUR
Et soutenue le samedi 2 mars 1878, à 3 heures du soir
Dans la salle des actes publics de la Faculté

PAR

Camille BAZILLE

Avocat à la Cour d'appel de Poitiers,
Secrétaire de la Conférence du stage

POITIERS
IMPRIMERIE DE A. DUPRÉ
RUE DE LA PRÉFECTURE
—
1878

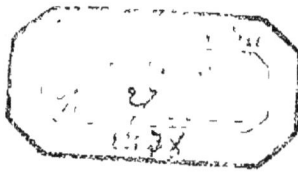

DE
L'AUCTORITAS TUTORIS

EN DROIT ROMAIN

DES AUTORISATIONS
DE PLAIDER

NÉCESSAIRES

AUX COMMUNES ET ÉTABLISSEMENTS PUBLICS

EN DROIT FRANÇAIS

THÈSE

PRÉSENTÉE A LA FACULTÉ DE DROIT DE POITIERS

POUR OBTENIR LE GRADE DE DOCTEUR

Et soutenue le samedi 2 mars 1878, à 3 heures du soir

Dans la salle des actes publics de la Faculté

PAR

Camille BAZILLE

Avocat à la Cour d'appel de Poitiers,

Secrétaire de la Conférence du stage

POITIERS

IMPRIMERIE DE A. DUPRÉ

RUE DE LA PRÉFECTURE

1878

FACULTÉ DE DROIT DE POITIERS.

MM. Th. Ducrocq (✻ I ✪), *Doyen, professeur de Droit administratif et d'Économie politique.*

Ragon (✻ I ✪), *professeur de Droit romain.*

Martial Pervinquière (✻ I ✪), *professeur de Droit romain.*

Arnault de la Ménardière (I ✪), *professeur de Code civil.*

Le Courtois (A ✪), *professeur de Code civil.*

Thézard (A ✪), *professeur de Code civil.*

Normand, *professeur de Droit criminel.*

Parenteau-Dubeugnon, *professeur de Procédure civile.*

Arthuys, *professeur de Droit commercial.*

Hanoteau, *chargé de Cours.*

M. Coulon (A ✪), *secrétaire agent comptable.*

COMMISSION :

Président, M. Th. Ducrocq (✻ I ✪), Doyen.

Suffragants :
{
M. Ragon (✻ I ✪)
M. Normand
M. Parenteau-Dubeugnon
M. Arthuys
M. Hanoteau, chargé de cours.
} Professeurs.

A MON PÈRE, A MA MÈRE

A TOUS CEUX QUE J'AIME

DROIT ROMAIN

DE L'*AUCTORITAS TUTORIS*

CHAPITRE I.

NOTIONS GÉNÉRALES SUR LA CONSTITUTION DE LA FAMILLE ROMAINE ET SUR LES PRINCIPES DE LA TUTELLE.

Les mots de « famille », de « minorité », de « tutelle » désignent en droit romain des institutions et des choses tellement différentes de celles que ces expressions représentent dans notre société moderne, que nous avons cru utile de consacrer quelques lignes à leur explication.

La famille, comme le gouvernement, présente à Rome, dans sa constitution, ce caractère d'autorité, de despotisme même, que l'on aime à trouver chez les peuples forts et qui va s'affaiblissant en même temps que leur virilité.

Le *paterfamilias* est le chef, le maître de la

1

famille ; il l'absorbe pour ainsi dire dans sa personnalité. Les fils travaillent, acquièrent, s'obligent
pour lui ; il a sur eux l'autorité suprême , le droit
de vie ou de mort. Ses enfants sont sous sa domi-
nation, de même que ses esclaves ; ils sont tous
alieni juris, bien qu'entre les deux existent des différences.

La puissance du maître sur l'esclave, la *potestas*,
dérive du droit des gens ; elle frappe à la fois sur
la personne et sur les biens. A l'origine, le maître
a droit de vie et de mort sur les esclaves ; mais peu
à peu des dispositions plus humaines s'introduisent
dans les lois : les esclaves ne peuvent plus être soumis à de mauvais traitements ; cependant ils restent
la propriété, la chose du maître.

En ce qui concerne le droit de posséder, il est
évident que l'esclave, considéré comme une chose,
ne peut avoir en sa possession une autre chose : il
s'ensuit donc que tout ce qu'il peut acquérir profite
à son maître.

Le fils de famille, qui, lui aussi, était en la possession de son père, ne pouvait non plus rien acquérir, si ce n'est pour le compte du *paterfamilias*.

Mais la rigueur de ces principes avait dû s'a-
doucir devant les nécessités de la nature ; car on
aura beau considérer en droit un esclave comme
une chose, il n'en reste pas moins un homme ,
c'est-à-dire une créature intelligente travaillant et
cherchant à acquérir. Aussi avait-on admis bientôt,
pour l'esclave et pour le fils de famille, l'existence

de certains biens ou pécules dont ils avaient l'administration et la jouissance, mais dont la propriété restait au maître ou au chef de famille.

Pour ce qui est de la faculté de stipuler, elle n'existe, comme celle de posséder, que du chef du maître, c'est-à-dire que l'esclave joue ici le rôle d'instrument du maître, pour lequel il prononce les paroles de la stipulation, et que ce dernier seul est obligé. Mais l'esclave ne peut promettre, « *In personam servilem nulla cadit obligatio,* » dit Ulpien (1); car la servitude a été créée dans l'intérêt de la puissance dominicale, et il y aurait danger pour le maître à être constitué débiteur à son insu. Cette règle souffrait cependant quelques exceptions, notamment en matière de délits.

Les hommes libres se divisaient en personnes *sui juris* et personnes *alieni juris*. Nous avons déjà signalé les ressemblances qui existent entre le fils de famille et l'esclave, qui tous deux sont *alieni juris*, mais nous avons dit aussi qu'il existait de nombreuses et profondes différences.

Si, en effet, la situation du fils de famille est presque entièrement semblable à celle de l'esclave lorsqu'elle est envisagée par rapport au père de famille, elle en diffère profondément lorsqu'on la considère par rapport aux tiers.

Le père a, nous l'avons dit, le droit de vie et de mort sur ses enfants; il peut les jeter en prison, les

_____

(1) Voir D., 50, 17, 22.

battre de verges, les déshériter (1). Mais la puissance paternelle, à la différence de la puissance dominicale, tire sa source du droit civil. Cette puissance ne connaissait aucune borne ; le fils y était soumis, fût-il même parvenu aux plus hautes dignités, pendant toute la vie de son père.

Et l'on put voir à Rome des consuls, des tribuns violemment enlevés par leur père à la tribune aux harangues, pour subir sans appel les châtiments que voulaient leur infliger les juges domestiques (2).

Cette législation s'adoucit, en même temps que l'Empire romain tombait en décadence. Le père n'eut bientôt plus aucun droit sur la vie de son fils (3). Néanmoins il conserva longtemps le droit de vendre.

Nous avons dit que le fils de famille acquérait pour son père ; mais il faut remarquer qu'à la différence de l'esclave, il est *capable par lui-même*. C'est pour cette raison que, sous les empereurs, il put posséder divers pécules, dont il eut la liberté de disposer, même par testament.

Mais cette puissance paternelle qui pesait si lourdement sur le fils dans ses rapports avec le père n'avait aucune influence sur tous les autres actes de sa vie privée ou publique. D'ailleurs elle s'éteignait avec les ascendants ; l'enfant devenait,

---

(1) Denys d'Halicarnasse, liv II, 4; Paul, D., XXVIII, ii, l. 11.

(2) Cicéron (*De invent.*, lib. II, n° 17) cite l'exemple d'un tribun insi enlevé par son père à la tribune.

3) Voir D., XLVIII, ix, 5 ; 37, 12, 5 ; 8, 47, 3.

en effet, *sui juris* par la mort de ceux qui l'avaient en leur puissance. L'autorité paternelle était alors anéantie ; le tuteur lui-même n'en recueillait aucune partie, car il faut bien remarquer qu'en ce point la tutelle romaine diffère beaucoup de la tutelle française. Le pupille n'est point sous la direction morale du tuteur, ni même sous sa garde matérielle ; il n'emprunte point son domicile comme dans notre législation française. La direction du pupille est confiée par le préteur ou le président de la province, sur la demande du tuteur lui-même, à une autre personne chargée spécialement de s'en occuper (1).

Le tuteur reste donc chargé de la gestion des intérêts du pupille, et surtout de ses intérêts pécuniaires. Paul ne contredit point cette explication lorsqu'il dit que le tuteur *moribus pupilli præponitur*, car il faut remarquer qu'il ne peut exercer d'influence sur l'éducation du pupille qu'en l'empêchant de recevoir une instruction convenable par un esprit d'économie mal entendue.

Mais, nous dira-t-on que faites-vous de la règle *Personæ tutor, non rei vel causæ datur* (2) ?

L'explication de cette règle se rattache à un autre principe du droit romain, qui, lui aussi, domine toutes les règles de la tutelle, et que nous devons développer.

Nous avons vu combien étaient sévères les prin-

(1) LL. 1 et 5, *ubi pup. educ.*, XXVII, 2.
(2) § 4, Institutos, *qui test. tut.* ; D., 1. 14, *de test. tut.*

cipes du droit civil romain en ce qui concerne la famille, et avec quelle rigueur ils étaient appliqués ; non moins sévères étaient les règles établies pour les contrats, et non moins rigoureuses leurs conséquences.

Il existe en droit romain un certain nombre d'actes, de contrats qui ne peuvent se former et se parfaire que par la prononciation de paroles solennelles. Il fallait donc, pour accomplir ces actes, être présent et prononcer les paroles prescrites par la loi. Ces formalités donnaient lieu à des difficultés lorsque les deux contractants étaient éloignés, mais on avait pu y suppléer partiellement en mettant à profit cet autre principe que les personnes *alieni juris*, n'ayant d'autre capacité que celle de leur *dominus*, acquéraient pour lui.

Comment cependant agir en pareil cas, lorsque le *dominus* n'a pas lui-même une capacité pleine et entière, lors par exemple que c'est un pupille ? On y avait remédié en plaçant à côté de cet incapable une autre personne dont les fonctions étaient précisément de suppléer à l'incapacité du pupille Cette personne, qui n'est autre que le tuteur, a donc pour mission principale de compléter par sa présence la capacité du pupille, de constituer ainsi la *persona*, c'est-à-dire l'individu capable de tous les actes de la vie civile. C'est donc pour la constitution de cette personne juridique que le tuteur est donné, et c'est là son attribution capitale, celle qui va faire l'objet de cette étude.

Quoi qu'il en soit, le tuteur ne peut cependant pas être donné pour certains biens ou pour certains actes, et la règle ci-dessus énoncée est encore vraie en ce sens.

Nous avons montré quel était à Rome l'objet de la tutelle, et nous avons dit quelle était la fonction capitale, caractéristique du tuteur ; nous devons maintenant l'étudier d'une façon plus complète.

Nous parlerons d'abord des fonctions du tuteur, et nous dirons quelle place considérable y tient l'*auctoritas*. L'étude de la nature et des conditions de validité de l'*auctoritas* nous occupera ; ensuite puis nous rechercherons successivement dans quels cas le tuteur agit comme *auctor*, et dans quels cas le mineur peut agir sans le concours de son tuteur. Nous examinerons, en terminant, quelles sont les conséquences des actes faits par le mineur sans l'intervention du tuteur.

CHAPITRE II.

FONCTIONS DU TUTEUR. — L'AUCTORITAS EST UNE CONSÉQUENCE DES PRINCIPES DU DROIT ROMAIN EN MATIÈRE DE REPRÉSENTATION ; OBJET DE CETTE FORMALITÉ.

Rome antique était en fête le 17 mars de chaque année. C'était le jour de *Liberalia*, date importante pour le jeune Romain, qui, ce jour-là, quittait la robe prétexte pour revêtir la toge de l'âge viril.

Dès ce moment il devenait citoyen romain, il avait le plein exercice de ses droits ; son aptitude à la vie civile était complète. Il sortait d'une période d'incapacité absolue pour entrer immédiatement et sans transition dans une période de capacité complète. Impubère hier, il ne pouvait rien faire qui lui fût préjudiciable ; pubère aujourd'hui, il peut dissiper son patrimoine s'il est *sui juris*, engager l'avenir s'il est encore sous la puissance paternelle.

Aucune mesure restrictive ne mettait un frein à sa capacité, du moins avant la loi *Plœtoria* (1).

C'est donc du jour même de la puberté que cessait l'incapacité du mineur, de ce jour que cessait la tutelle ; il importe, par conséquent, de fixer cette date d'une façon absolue.

Les jurisconsultes de l'ancienne Rome étaient divisés sur le mode à employer pour déterminer la puberté. Les Sabiniens ne s'attachaient qu'au développement physique : « *Habitu corporis pubes apparet qui generare possit;* » au contraire, les Proculéiens rejetaient comme dangereuse cette appréciation des indices matériels; ils faisaient commencer la puberté pour les hommes à une époque fixe et déterminée, à quatorze ans. Un troisième sys-

---

(1) La *lex Plœtoria* ou *Lœtoria*, dont la date n'est pas exactement connue, mais qui existait certainement au vi° siècle de Rome, divisa les pubères en mineurs et majeurs de vingt-cinq ans, et édicta des peines sévères contre ceux qui abuseraient des mineurs de vingt-cinq ans. On établissait ainsi une sorte de transaction entre l'impuberté et l'âge de raison. Cette loi ne rentrant que très-indirectement dans notre sujet, nous nous bornons à la mentionner.

tème (1) combinait les deux éléments, l'âge et le développement physique, faisant valoir ce vers de l'Énéide :

Jam matura viro, jam plenis nubilis annis.

Justinien adopte le système des Proculéiens et fixe à quatorze ans l'époque de la puberté pour les hommes.

En ce qui concerne les femmes, l'âge de douze ans avait toujours été adopté. Justinien consacre cette disposition.

Mais, si le pupille était incapable dans les années qui précèdent l'âge de la puberté, cette incapacité avait néanmoins des degrés, et il importe de faire plusieurs distinctions.

Les Romains avaient divisé l'impuberté en diverses périodes qui ont donné lieu à bien des divergences d'opinion entre les jurisconsultes.

Quelques notions générales sur l'incapacité des pupilles feront mieux comprendre les motifs de cette division. C'est dans un but de protection que la loi refuse au mineur une capacité que son inexpérience pourrait faire tourner à son préjudice. On a pensé qu'il serait impuissant à défendre ses intérêts contre les hommes d'un âge mûr et déjà expérimentés ; on a craint qu'il ne fît usage de ses droits que pour les compromettre. C'est ce que nous montre bien la définition que donne Servius de la

(1) Ce système est dû à Priscus. Voir Ulp., *Reg.*, tit. XI § 28.

tutelle : « *Est vis ac potestas in capite libero, ad tuendum eum qui propter œtatem se defendere nequit.* » Aussi l'impubère n'est-il pas absolument incapable ; on le protége seulement, et il ne lui est pas permis de faire les actes qui rendent sa condition pire ; mais il peut, au contraire, faire librement ceux par lesquels sa condition est rendue meilleure. Cependant, pour qu'il en soit ainsi, certains actes doivent être accomplis, certaines paroles doivent être prononcées. Or l'enfant est, pendant une période plus ou moins longue, dépourvu de toute espèce de facultés, soit physiques soit intellectuelles ; d'autre part, les aptitudes physiques devancent en général les facultés intellectuelles. Ces dernières sont-elles exigées ? devrat-on, au contraire, se contenter des aptitudes physiques ?

On est d'accord pour reconnaître trois périodes dans l'impuberté romaine. Dans la première, le pupille est *infans;* il est *infantiæ proximus* dans la seconde, *pubertati proximus* dans la troisième. L'*infans* est tout à fait incapable ; il ne peut prononcer les paroles nécessaires à la formation de certains actes ; il n'a aucune intelligence : « *Non multum a furioso distant, quia hujus œtatis pupilli nullum habent intellectum* », nous dit Justinien (1).

L'*infantiæ proximus* aurait dû lui être assimilé, car, au point de vue des facultés intellectuelles, il

_____
(1) Inst., 3, 19 § 10 ; Gaius, 3 § 109.

ne diffère pas sensiblement de lui ; mais on finit par l'admettre, *benignitatis causa*, à faire certains actes, à jouir de la même capacité que le *pubertati proximus*, qui, lui, comprend les paroles qu'il prononce.

Mais à quelle époque finissaient ces diverses périodes ?

La plus vive controverse s'est élevée au sujet de la durée de l'*infantia* ; il n'entre point dans notre sujet de donner de longs développements à ce propos Disons seulement que deux opinions étaient en présence : dans l'une, on prétendait que l'*infantia* dépend de l'aptitude physique à prononcer des paroles, et l'on s'appuyait sur l'étymologie du mot *infans (infans est qui fari non potest)* ; dans l'autre, on fixait uniformément à l'âge de sept ans l'époque à laquelle se terminait l'*infantia*. Cette doctrine a été formellement confirmée par une constitution des empereurs Arcadius, Honorius et Théodose (1), et depuis aucun doute n'est possible.

A quelle époque le pupille était-il *infantiæ proximus* ? à quelle époque était-il *pubertati proximus* ? Les jurisconsultes romains n'ont donné aucun renseignement sur ce point ; aussi les doctrines les plus divergentes ont-elles été formulées. Cette division a d'ailleurs peu d'importance, puisque nous avons dit que pour les contrats l'*infantiæ proximus*

(1) Code théodosien, l. VIII, tit. xviii, *de maternis bonis et cretione sublata*, const. 8, Arcad., Honor. et Theod. ; Code Justinien, const. 18, liv. VI, tit. xxx.

était assimilé au *pubertati proximus* Mentionnons
cependant quelques-unes des opinions qui ont été
émises.

M. de Savigny entend par *infantiæ proximitas*
l'âge le plus rapproché de l'*infantia*, huit ans ; par
pubertati proximitas, l'âge le plus rapproché de la
puberté, treize ans. Le temps intermédiaire est
laissé à l'appréciation des juges. Accurse et Bartole
divisent le temps qui s'écoule entre l'*infantia* et la
puberté en deux parties égales : l'*infantiæ proximitas* dure trois ans et demi ; la *pubertati proximitas* a la même durée. Enfin, dans un dernier système, on laisse aux juges le soin de déterminer
dans tous les cas la période dans laquelle se trouve
l'enfant.

Du reste, nous l'avons déjà dit, cette distinction
n'a que peu d'intérêt, si ce n'est au point de vue
des délits.

Il nous a paru nécessaire de bien déterminer ces
deux périodes, car, durant tout le cours de cette
étude, nous aurons à faire l'application des principes que nous venons de poser.

Puisque le mineur *infans* est incapable, il faut
renoncer à le faire agir ; tous ses actes seront nuls et
considérés comme non avenus. On a donc dû placer
à côté de lui un tuteur, chargé d'agir à sa place,
du moins dans une certaine limite, car, nous l'avons
vu, le mineur a parfois une capacité restreinte ; parfois aussi certains actes nécessitent son intervention
personnelle. De là des difficultés nombreuses qui

ne pourront être bien comprises qu'en rappelant les principes de la représentation chez les Romains.

Le tuteur romain diffère entièrement du tuteur français. Chez nous le tuteur agit pour le pupille, il contracte en son nom ; le droit se fixe immédiatement sur la tête du mineur, à l'exclusion du tuteur qui n'y participe en aucune manière. En un mot, le tuteur représente le pupille.

Mais les premiers Romains n'entendaient pas ainsi la représentation, quelquefois même ils la repoussaient complétement. Le tuteur romain ne représentait jamais le pupille, pas plus que le mandataire romain ne représentait son mandant. Le tuteur faisait l'acte pour son propre compte ; le droit se fixait sur sa tête, en lui naissaient les actions ; le pupille était absolument étranger à l'acte. Mais, plus tard, ses fonctions terminées, le tuteur devait compte au pupille de tous ses actes ; de là des embarras, des circuits d'actions qui entraînaient les plus grandes difficultés.

Enfin cette espèce de représentation, tout imparfaite qu'elle fût, n'était même pas toujours possible. Un principe du vieux droit romain l'interdisait complétement dans certains actes qui avaient reçu le nom d'*actus legitimi*. On entendait par là les actes qui dérivaient des actions de la loi (1), ceux qui se faisaient dans les comices, ceux qui devaient être accomplis avec certaines solennités, ou

(1) « Nemo alieno nomine lege agere potest », dit Ulpien, 50, 17, 123, ff.

nécessitaient l'emploi de formules sacramentelles.
Pour tous ces actes, le pupille devait se présenter
lui-même : comment donc faire agir une personne
qui n'avait pas une capacité complète?

C'est par une fiction, dont nous avons déjà parlé,
que les Romains avaient concilié les principes de
leur droit civil, et ils avaient placé à côté des mineurs une autre personne, le tuteur, qui, par sa
présence et certaines formalités, complétait leur
capacité.

Ceci nous amène à reconnaître que le tuteur
romain possède deux sortes de fonctions; c'est ce
que nous dit Ulpien : « *Pupillorum, pupillarum-
que tutores et negotia gerunt, et auctoritatem inter-
ponunt* (1). »

De ces deux fonctions, la seconde est à coup sûr
la plus utile et la plus importante. D'un seul coup,
en effet, elle pare à tous les inconvénients résultant des principes admis par les Romains en matière de représentation, et notamment à ces retours
d'actions qui entraînent tant d'embarras. Elle permet en même temps de ne pas violer le principe
Nemo alieno nomine agere potest, et cet autre,
également gênant, qu'on ne peut acquérir par une
personne étrangère : *Per extraneam personam
nihil acquiri posse* (2).

La division que nous venons de donner est consacrée de la façon la plus formelle par le Code et

(1) Ulpien, XI § 25.
(2) Inst., II, 9 § 5.

le Digeste, qui tous les deux traitent des fonctions du tuteur dans deux chapitres différents.

C'est qu'en effet il n'est aucune ressemblance entre elles. Lorsque le tuteur gère les biens du pupille, il agit seul et prend part nominativement à l'acte. C'est lui, lui seul, qui est en scène ; on ne doit tenir aucun compte du pupille, et c'est en la personne du tuteur que se réalisent toutes les conséquences de l'acte.

Au contraire, lorsque le tuteur interpose son *auctoritas*, le pupille devient le principal personnage, c'est lui-même qui fait l'acte, c'est envers lui que ses conséquences se réaliseront, et, si le tuteur apparaît, ce n'est plus que comme un personnage secondaire qui vient remplir une condition sans laquelle l'acte ne serait pas valable.

Quel est donc le but de l'*auctoritas*? Il ne faut pas se laisser séduire ici par la ressemblance des termes et traduire le mot *auctoritas* par notre expression française « autorité ». Dans son sens le plus général, le mot *auctoritas* signifie « garantie ». C'est ainsi que celui qui consent un droit à une autre personne est considéré, par rapport à elle, comme *auctor*. L'acheteur a pour *auctor* le vendeur, l'héritier a pour *auctor* le défunt, car le droit des premiers garantit celui des seconds (1). En matière de tutelle, l'*auctoritas* est la garantie pour le public de l'acte fait par le pupille.

(1) C'est dans le même ordre d'idées qu'une loi peut être rendue *ex auctoritate senatus, ex auctoritate principis*.

On a défini l'*auctoritas* « un complément de capacité que la présence et l'approbation solennelle
du tuteur donnent au pupille à l'effet de valider ses
actes » (1).

Cette définition nous a semblé la plus exacte et
la plus rationnelle, car elle détermine en même
temps la nature et l'objet de cette fonction du tuteur.

L'*auctoritas* a pour but de compléter la capacité
du mineur, elle ne peut donc la créer, et suppose
un mineur déjà capable dans une certaine limite,
un mineur susceptible de s'obliger, de contracter,
et de prononcer les paroles solennelles exigées pour
la perfection de certains contrats. Il en résulte que
l'*infans* ne peut être autorisé, car nous avons vu
qu'il ne possédait absolument aucune capacité.
Lorsque le pupille a dépassé l'*infantia*, il peut
parler, et accomplir les actes, il a *aliquem intellectum*. Mais cela ne suffirait pas encore pour la
validité de tous ses engagements ; il lui faut de
plus l'intelligence complète de l'acte, il faut qu'il
comprenne à quelles conséquences il peut être en-
traîné ; il lui faut en un mot l'*animi judicium*. Le
tuteur vient précisément lui apporter cette qualité
qui lui manquait (2) ; par son *auctoritas*, il envisage
pour lui les conséquences de l'acte et en assure la
validité. Aucun des éléments ne fait plus défaut

(1) Voir Accarias, *Précis de droit romain*, t. I, 2ᵉ édit.
(2) Celse nous dit : « Nam quod animi judicio fit, in eo tutoris auc-
» toritas necessaria est » (l. 189, *de reg. jur.*).

pour la perfection du contrat ; ils existent, il est vrai, séparément chez deux individus, mais tous deux sont d'accord pour les réunir.

Le mineur seul serait inhabile, par exemple, à faire une stipulation, une mancipation, à faire adition d'hérédité, parce qu'il n'a pas une capacité suffisante. D'autre part, ces actes ne pourraient être faits par le tuteur seul, en vertu des principes du droit romain (1). L'*auctoritas* permet au mineur de les exécuter avec le concours de son tuteur.

Le tuteur devra évidemment donner son autorisation sans conditions, car, cette formalité ayant pour but d'augmenter la capacité du mineur jusqu'à la rendre complète, on ne comprendrait pas que cette capacité puisse dépendre d'une condition. Il en serait ainsi alors même que le tuteur interviendrait pour un acte conditionnel ; quelle que soit en effet, la modalité qui affecte ces actes, une capacité pleine et entière n'en est pas moins exigée pour leur perfection, car ils produisent un effet immédiat (2).

---

(1) L. 123, pr., D., *de reg. jur. (Nemo alieno nomine lege agere potest).*

(2) L. 8, *de auct. et cons.*

·CHAPITRE III.

L'*auctoritas* est la fonction caractéristique du tuteur; c'est en même temps la plus importante. Elle constitue, en effet, un acte d'une nature tout à fait spéciale, et qui diffère entièrement de tous ceux que le tuteur peut faire; c'est une sorte de condition nécessaire pour que l'acte soit valable. L'*auctoritas* différencie complétement le tuteur du curateur, qui a les mêmes pouvoirs d'administration que lui. Le tuteur n'accomplit plus ici cette œuvre purement matérielle qui consiste à gérer le patrimoine du pupille; il laisse le mineur faire l'acte lui-même, et il vient lui apporter la qualité qui lui fait défaut pour constituer l'individu capable. Grâce à son intervention, une *persona civilis* qui possède toute la capacité voulue se trouve formée par la réunion de deux individus différents.

On pourrait dire que l'*auctoritas* est une fiction qui permet de regarder comme appartenant à la même personne les éléments de capacité existant séparément chez deux individus différents. C'est en ce sens que nous avons expliqué plus haut la règle *Tutor personæ, non rei vel causæ datur.*

Certaines conditions sont nécessaires pour la validité de l'*auctoritas.*

Le tuteur doit être présent au moment même où l'acte s'accomplit, que cet acte soit un de ceux dans lesquels le tuteur peut agir comme *auctor* ou comme administrateur, ou bien un de ceux dans lesquels il doit se borner au rôle d'*auctor*. On a soutenu que, dans le premier cas, l'*auctoritas* pouvait intervenir après coup ; mais Gaïus (1) nous dit en termes formels qu'il n'en est pas ainsi : « *Si consensit venditioni creditor, liberatur hypotheca : sed in his pupilli consensus non debet aliter ratus haberi quam si præsente tutore (auctore) consenserit..... » Il est certain d'ailleurs que le tuteur pourra toujours, dans ce cas, donner son approbation à l'acte, qui vaudra alors comme acte d'administration, engageant personnellement le tuteur.

L'*auctoritas* doit, de plus, être donnée par la prononciation de certaines paroles solennelles, soit par le tuteur, soit par le tiers qui traite avec le pupille ; quant à ce dernier, il n'avait à prononcer d'autres paroles que celles exigées par l'acte lui-même (2). On a contesté la prononciation de ces paroles ; mais les dispositions de la loi excluant de la tutelle le muet, qui ne peut donner son *auctoritas*, ainsi que le sourd, tandis qu'elle admet l'aveugle, prouvent bien qu'il est nécessaire qu'un tuteur puisse entendre et parler (3). Les paroles

(1) L. 7, pr., *quib. mod. pign.*, XX, 6.
(2) L. 13, *de auct. et cons. tut.*, XXVI, 8.
(3) L. 1 §§ 2 et 3, *de tut.*

prononcées devaient, à l'origine, être solennelles ; c'est ce que nous démontre un fragment de Paul établissant que, lors même que le tuteur n'a pas été interrogé, il suffit, pour la validité de l'acte, qu'il donne son approbation expresse.

A l'origine, l'*auctoritas* constituait probablement une sorte de stipulation qui intervenait immédiatement après l'acte (1). Le tiers s'adressait au tuteur et lui demandait : « *Auctorne fis ?* » Celui-ci devait répondre : « *Auctor fio.* » Dans le cas où il s'agissait d'un acte ne supposant pas la présence d'un tiers, par exemple d'une adition d'hérédité, le tuteur se bornait à déclarer qu'il donnait son *auctoritas*.

L'*auctoritas* suppose donc à la fois la présence du tuteur, celle du pupille et du tiers qui traite avec lui.

Ces conditions font encore ressortir la nature toute particulière de cet acte, qui n'est ni une approbation donnée à l'avance, ni une ratification. Il en résulte également que le tuteur ne peut se constituer *auctor* par un intermédiaire ou par lettre missive (2).

Mais les formes solennelles tombèrent bientôt en désuétude, et le fragment de Paul que nous avons cité est le seul document qui en fasse mention ; il nous indique en même temps que, dès l'époque de ce jurisconsulte, elles commençaient à n'être plus

(1) L. 25 § 4, *de acq. vel amitt. hered.*, XXIX, 2.
(2) L. 2, *de auct. et cons. tut.*

en usage ; la présence du tiers n'était même plus
indispensable. Un texte de Gaïus (1.9 § 6, *de auct.*,
et cons.) semble indiquer que, déjà à l'époque de ce
jurisconsulte (1), l'interrogation solennelle n'était
plus exigée ; mais il est difficile de se prononcer sur
ce point. Quoi qu'il en soit , dans le droit de Justinien aucune de ces formes n'a survécu. Le
tuteur seul doit être présent à l'acte, et il peut ma-
nifester son approbation d'une façon à peu près
quelconque. Quant au tiers, sa présence n'est plus
requise, à moins que la nature de l'acte ne l'exige.

Les conséquences sont entièrement différentes
s'il s'agit d'un acte accompli par le pupille autorisé ou par le tuteur seul. Dans le premier cas, en
effet, toutes les conséquences de cet acte se réalisent en la personne même du pupille ; c'est lui
qui devient créancier ou débiteur, c'est en lui que
prennent naissance les actions. Dans le second cas,
au contraire, c'est le tuteur qui a fait l'acte ; il en
subit les conséquences, de même qu'il en retire le
profit. Mais il est ensuite responsable vis-à-vis du
mineur : il devient son créancier ou son débiteur ;
de nouvelles actions naissent contre lui en la personne du mineur. L'un et l'autre se trouvent donc
exposés à souffrir de leur insolvabilité, tandis qu'il
n'en est pas de même lorsque le tuteur s'est borné
à donner son *auctoritas*.

Ces résultats nous expliquent pourquoi le tuteur

---

(1) II⁰ siècle de l'ère chrétienne.

était responsable d'une façon différente de ses
actes d'administration et de ses actes d'autorisation.

Le tuteur fut, en effet, toujours libre de ne pas
donner son *auctoritas*, mais il fut en même temps
responsable de ne pas l'avoir accordée lorsqu'elle
était utile (1). Dans l'ancien droit, au contraire,
il n'en était pas ainsi lorsque le tuteur agissait
comme administrateur, et pendant fort longtemps
il n'encourut aucune responsabilité pour les actes
accomplis en cette qualité (2). Cette différence se
justifie pleinement par les principes que nous avons
exposés ; dans le premier cas, en effet, le tuteur ne
compromet en rien ses intérêts, puisqu'en jouant
le rôle d'*auctor* il est tout à fait en dehors de l'acte
et n'y prend aucune part. Il est donc juste qu'on le
déclare responsable, afin qu'il prenne garde à ne
donner son *auctoritas* que si l'affaire est favorable
au pupille. Mais lorsqu'il gère les biens, lui-même
avons-nous dit, fait les actes, lui-même en supporte
les conséquences ; son intérêt est garant de sa
bonne administration, et il eût été inique de le
forcer à sacrifier sa propre fortune. Ces principes
s'accordaient parfaitement avec les mœurs rigoureuses des premiers temps, qui plaçaient les obligations du tuteur parmi les plus sacrées (3). Mais

---

(1) L. 17, *de auct. et cons.*
(2) § 3, *de Atil. tut.*, Inst.
(3) Aulu-Gelle les place immédiatement après les devoirs des enfants pour leurs parents. (Aul.-Gell., V, 13.)

bientôt cette garantie morale ne fut plus suffisante, et il devint nécessaire, probablement lors de la disparition du système de nomination des tuteurs établi par la *loi Atilia* (1), de modifier cet état de choses.

Le préteur autorisa le tuteur à recourir contre le mineur, mais en même temps, et comme corollaire de ce recours, il le rendit responsable de son inaction dans l'administration, et intervint même pour le forcer à agir (2).

Ces réformes étaient d'une grande utilité; après leur accomplissement, le tuteur et le mineur ne furent plus exposés à souffrir de l'insolvabilité l'un de l'autre. Mais les actions n'en restaient pas moins fixées sur la tête du tuteur, même après la fin de la tutelle; c'était là un inconvénient résultant des principes du droit romain en matière de représentation. On ne tarda pas à y suppléer en admettant que ces actions pourraient être données à titre utile à l'égard du mineur lui-même, lorsqu'il serait parvenu à l'âge de la puberté.

Quoi qu'il en soit, le tuteur ne dut donner son *auctoritas* que lorsqu'il estimait *hoc pupillo prodesse* (3), et il resta responsable de ne pas l'avoir donnée lorsqu'elle était utile aux intérêts du mineur, ou de l'avoir donnée à contre-temps. Il est probable

---

(1) § 3, *de Atil. tut*, Inst., I, 20.

(2) L. 1, pr., *do cont. tut.*, XXVII, 4, l. 1, pr., *de adm. et peric.*, XXVI, 7.

(3) Inst., § 2, *de auct. tut.*

qu'à l'origine, l'obligation du tuteur étant gratuite, il ne fut responsable que de son dol ou de sa faute lourde. Mais, dans le droit classique, le tuteur est responsable de sa faute légère ; les jurisconsultes semblent même admettre qu'on doit exiger du tuteur les soins du père de famille le plus diligent. C'est l'avis d'Ulpien, de Callistrate et de Modestin (1), et, bien que ces jurisconsultes eux-mêmes ne l'admettent pas d'une façon constante dans leurs écrits (2), elle nous semble justifiée par l'état du pupille, qui ne peut lui-même surveiller ses propres intérêts.

Quelles sont les conséquences des actes que le tuteur a faits seul, alors qu'il devait se borner au rôle d'*auctor* ?

En ce qui concerne le pupille, cet acte n'est pas valable, et ne le lie en aucune manière (3). Les tiers doivent donc prendre leurs précautions, et, lorsqu'ils traitent avec le tuteur, examiner si en l'espèce il ne peut intervenir que comme *auctor*. Ils devront surtout être attentifs lorsqu'il s'agit d'un de ces actes qui peuvent ou non être compris dans les pouvoirs d'administration du tuteur, comme une novation, une transaction.

Lorsque le tuteur aura autorisé le mineur et commis en même temps un dol. le pupille devra être

(1) L. 10, de adm. et peric. tut. (Ulp.) ; l. 33, de adm. et peric. (Callist.) ; Collat. leg. Mosaic , tit. X, cap. II § 2 (Modest.).

(2) L. 1, pr , de tut. et rat., XXXII, 3 (Ulp.).

(3) L. 22, de adm. et peric. ; l. 2, de auct. et cons. ; l. 3, de susp. tut , XXVI, 10.

poursuivi jusqu'à concurrence du gain qu'il aura retiré de l'acte; le tuteur sera tenu pour le surplus (1). La même solution ne s'appliquerait pas dans le cas où le tuteur aurait agi lui-même et commis le dol : il serait alors tenu pour le tout pendant la durée de ses fonctions, et si le pupille était poursuivi après sa puberté, il ne pourrait l'être que dans la mesure de son enrichissement.

Examinons maintenant quelle est la conséquence de la pluralité des tuteurs au point de vue de l'*auctoritas*.

Il peut se présenter dans ce cas plusieurs hypothèses : les tuteurs gèrent indivisément, ou bien la gestion est divisée entre eux, ou bien un seul en est chargé, ce qui constitue en définitive deux classes de tuteurs, ceux qui gèrent divisément ou indivisément, et ceux qui ne sont chargés d'aucune gestion; les pouvoirs de ces deux catégories de tuteurs sont différents en ce qui concerne l'*auctoritas*, comme en ce qui concerne l'administration. ·

Les tuteurs qui ne prennent aucune part à la gestion des biens du pupille ne peuvent naturellement pas l'autoriser pour les actes d'administration, pour les actes dans lesquels le tuteur peut agir seul, puisqu'eux-mêmes ne peuvent faire ces actes. Mais ils peuvent au contraire interposer leur *auctoritas* pour les *legis actiones*, pour l'adition d'hérédité,

---

(1) L. 13 § 7, *de act. empt.*, XIX, ɪ, l. 61, pr., *de jur. dot.*, XXII,

en un mot pour tous les actes dans lesquels le pupille doit intervenir en personne (1).

Les tuteurs qui participent à la gestion des patrimoines du mineur sont au contraire dans les mêmes conditions que le tuteur seul, et peuvent par conséquent donner leur *auctoritas* pour tous les actes qui l'exigent.

Mais l'*auctoritas* de tous les tuteurs est-elle nécessaire au mineur? Dans le droit classique il fallait faire une distinction, fondée principalement sur les garanties qui avaient présidé au choix du tuteur. Si les tuteurs avaient été nommés par testament ou sur enquête, l'*auctoritas* de l'un d'eux suffisait (2). D'ailleurs le même tuteur ne devait pas forcément intervenir pour l'exécution de deux actes connexes ; par exemple, lorsqu'il s'agissait d'autoriser le pupille à s'obliger envers deux *correi stipulandi*, les deux promesses qu'il doit faire pouvaient ne pas être forcément autorisées l'une et l'autre par le même tuteur (3). De même, lorsque le pupille devait contracter avec l'un de ses tuteurs, il n'était pas nécessaire de nommer un tuteur *ad hoc* : l'*auctoritas* de l'un des autres suffisait pour cela (4).

Mais lorsqu'il s'agissait des tuteurs nommés suivant d'autres règles, ils ne pouvaient autoriser le mineur qu'en se réunissant.

(1) L. 49, *de acq. vel. amitt. hered.*, XXIX, 2.
(2) Ulp., XI § 26 ; l. 5, C., *de auct. præst.*, V, 59.
(3) L. 7 § 1, *de auct. et cons.*
(4) L. 5, pr., et § 2, *de auct. et cons.*

Cette distinction fut abolie par Justinien, qui décida qu'en règle générale l'*auctoritas* d'un seul des tuteurs serait suffisante. Il établit cependant des restrictions résultant de la force même des choses. C'est ainsi qu'au cas où l'administration était divisée entre les tuteurs, chacun d'eux ne pût naturellement autoriser que les actes rentrant dans son administration (1). Enfin, dans le cas où le mineur voudrait se donner en adrogation, comme la tutelle devait ainsi prendre fin pour tous les tuteurs, Justinien voulut que tous fussent appelés à donner leur *auctoritas*.

CHAPITRE IV.

DANS QUELS CAS LE TUTEUR AGIT COMME AUCTOR ; L'AUCTORITAS PEUT-ELLE ÊTRE REMPLACÉE LORSQUE LE MINEUR EST INFANS ?

Le tuteur ne péut, en toutes circonstances, agir à son gré comme administrateur ou comme *auctor*; sans cela, il serait difficile de comprendre l'utilité de ces deux rôles différents. Il est des cas dans lesquels il doit agir comme *auctor* seulement, d'autres cas dans lesquels il doit agir comme administrateur; parfois enfin il a l'option entre ces deux rôles.

Certains actes exigent, par leur nature, la présence de la personne intéressée elle-même, et ne pourraient être exécutés sans cela. Le pupille

(1) L. 5, C., *de auct. præst.*

devra donc être présent à ces actes, et le tuteur ne pourra concourir à leur perfection qu'en qualité d'*auctor*. Nous lisons en effet au Digeste : « *Curatorem etiam impuberi dari posse : sed ad ea, quæ solemnitatem juris desiderant, explicanda tutore auctore opus esse* » (1). Ces actes, faits par le tuteur seul, n'auraient aucune valeur, puisqu'ils manqueraient d'une de leurs conditions essentielles, la présence de l'intéressé.

Quant aux actes qu'un individu capable peut faire faire par mandataire, le tuteur est libre de les exécuter en qualité d'administrateur ou de les laisser exécuter par le mineur, auquel il donnera, dans ce cas, son *auctoritas*. Aucune raison ne s'oppose en effet à ce que le mineur ne les fasse lui-même avec le concours de son tuteur ; de même aussi, comme ils ne nécessitent pas la présence de l'intéressé, aucune raison ne s'oppose à ce que le tuteur ne les accomplisse comme administrateur. Mais nous avons eu l'occasion de dire que l'*auctoritas* supposait un pupille sorti de l'*infantia* ; lors donc qu'il s'agira d'un *infans*, le tuteur n'aura plus l'option, puisque le mineur sera incapable de figurer en quoi que ce soit à l'acte. Il en sera de même s'il est absent. Cependant, en ce qui concerne les actes qui exigent le fait même de la personne intéressée, l'*infantia* sera un obstacle impossible à écarter, l'acte sera inexécutable ; on pourra au contraire, en cas d'absence, suppléer à l'éloignement du pupille.

(1) L. 19, *de auct. et cons.*

Les actes dans lesquels le tuteur doit agir comme administrateur sont de beaucoup les plus nombreux. Nous citerons la tradition, les contrats de vente, de bail, de stipulation. A l'égard de ce dernier contrat, nous devons remarquer que certains auteurs l'ont classé parmi les actes pour lesquels l'intervention personnelle du mineur est nécessaire, objectant que le tuteur ne pouvait, dans les paroles de la stipulation, faire intervenir le nom du pupille. Cette objection est vraie en elle-même, mais n'a aucune portée ; ce n'est pas en effet au nom du mineur que le tuteur stipulera, mais en son nom personnel : il fera alors un acte d'administration. La même remarque pourrait d'ailleurs s'appliquer au bail et à la vente.

Les actes pour lesquels l'*auctoritas* est nécessaire sont au contraire déterminés ; nous allons passer en revue les principaux.

Les *legis actiones* furent les premières règles organisées à Rome pour la poursuite en justice d'un droit méconnu. Elles nécessitaient la présence du plaideur lui-même, qui devait affirmer son droit par la prononciation de paroles solennelles, *certa verba* ; aussi était-il impossible de plaider par procureur. *Nemo alieno nomine lege agere potest* (1), telle était alors la règle dominant toute la procédure. Dans cette période, le pupille ne pouvait plaider qu'avec l'*auctoritas* de son tuteur. Plus tard, lorsque les actions de la loi furent remplacées par le système

(1) Gaïus, IV §§ 16, 29, 82.

formulaire, il devint possible de plaider pour autrui.
Le tuteur put alors, à son gré, ou plaider pour le
mineur, ou laisser le pupille en cause et l'assister
en jouant seulement le rôle d'*auctor*. Cette dernière façon de procéder était même préférable, car
l'action *judicati* était alors directement donnée au
pupille ou contre le pupille lorsqu'il arrivait à l'âge
de la puberté (1). Il faut remarquer cependant que
s'il s'agit d'une action en partage, et que le tuteur
reçoit l'adjudication, c'est lui-même qui devient propriétaire, sauf à transmettre plus tard cette qualité
au pupille.

L'*in jure cessio* est un mode d'acquérir la propriété intimement lié au système des actions de la
loi, dont il est une véritable application. Comme les
legis actiones, il nécessitait la présence du pupille
et l'*auctoritas tutoris*.

La *manumissio vindicta* empruntait, elle aussi,
les formes des actions de la loi ; le mineur en personne pouvait affranchir un esclave suivant ce mode,
et il ne lui suffisait pas d'obtenir l'*auctoritas tutoris*, il lui fallait, de plus, observer les prescriptions
de la loi *Ælia Sentia*. Lorsque le pupille était encore *infans*, le tuteur ne pouvait donc faire un af-
franchissement de cette sorte en vertu de son pouvoir d'administrateur. Si le pupille était grevé d'un
fidéicommis de liberté et que le tuteur refusât son
auctoritas, comme il y aurait eu une inexécution

---

(1) L. 2, pr., *do adm. et peric. tut.*

des volontés du défunt, l'esclave devrait recevoir la liberté par décret du préteur ; c'est ce qu'a décidé un sénatus-consulte rendu à ce propos (1).

La *mancipatio* est un mode d'acquérir la propriété dont les effets se réalisent dans la personne même de ceux qui prononcent les paroles solennelles. Cet acte devra donc être fait par le pupille avec le concours de son tuteur. Mais ici le droit civil présente lui-même les moyens de suppléer à la présence du pupille s'il est absent ou *infans*. Lorsque la *mancipatio* aura pour objet de faire entrer une chose dans le patrimoine du pupille, deux moyens nous sont offerts. Le tuteur recevra lui-même l'objet par tradition pour le compte du pupille, qui sera possesseur, et en conséquence propriétaire, s'il s'agit d'une chose *mancipi*, ou bien, dans les conditions nécessaires pour usucaper et acquérir ainsi la propriété, s'il s'agit d'une chose *nec mancipi* (2). Le tuteur pourra, en second lieu, faire figurer dans la *mancipatio* un esclave du pupille, qui acquerra alors pour son maître.

S'il s'agit d'aliéner une chose, le tuteur la livrera simplement au tiers, qui pourra alors l'usucaper, et en acquérir la propriété après l'avoir possédée pendant une ou deux années (3). Enfin, mais ce sera

(1) L. 30, §§ 1 à 5, *de fid. lib.*, XL, 5.

(2) L. 32 § 2, *de acq. poss.*, XLI, 2 ; l. 13 § 1, *de acq. rer. dom.*, XLI, 1.

(3) L. 16, C., *de adm. et peric*, V, 37.

alors un moyen entraînant dans la suite des complications, le tuteur pourra faire en son propre nom la mancipation, et plus tard, lorsque le pupille sera parvenu à l'âge de puberté, exiger qu'il la prenne pour son propre compte.

L'*acceptilatio* exige encore la présence des parties contractantes, qui doivent s'interroger en termes solennels ; c'est dans la demande faite par le débiteur et dans la réponse du créancier que réside l'acte lui-même (1). Le mineur devra donc figurer lui-même à cet acte et la présence du tuteur sera nécessaire pour sa validité. Le tuteur pourra-t-il néanmoins suppléer à l'absence du mineur ? Il ne le pourra pas directement, mais deux procédés indirects lui sont offerts : à l'aide d'une novation, il deviendra créancier ou débiteur du tiers à la place du mineur ; il pourra alors faire ou recevoir une acceptilation parfaitement régulière, puisqu'il jouit de sa pleine et entière capacité, et cette acceptilation aura en réalité produit les mêmes effets que si elle avait été exécutée par le mineur lui-même (2) ; ou bien il pourra consentir en faveur du tiers, ou recevoir de lui un *pactum de non petendo*. Ce pacte n'est point en effet un acte solennel, mais il créera une exception qui permettra à celui en faveur de qui il a été consenti de repousser toute action, de telle sorte que la dette pourra être considérée comme éteinte (3).

(1) Gaius, III, § 169.
(2) L. 13 § 10, *de accept.*, XLVI, 4.
(3) L. 28 § 2 ; l. 44, *de pact.*, II, 14.

Mais l'acte le plus important que nous ayons à examiner est à coup sûr l'*adition d'hérédité.*

A l'époque classique, l'adition d'hérédité se fait de trois manières : *cretione, nuda voluntate, re* ou *pro herede gerendo.* La *cretio* est une déclaration en termes solennels qui ne peut être faite que par l'intéressé lui-même ; le mineur doit donc y figurer en personne. La *nuda voluntas,* ou adition proprement dite, est une déclaration de volonté manifestée sans aucunes formes solennelles (1). Enfin *gerere pro herede,* c'est faire des actes qui impliquent l'intention d'agir en propriétaire. Ces deux derniers modes, s'ils n'exigent plus des formes solennelles, impliquent du moins la volonté ou le fait de l'héritier en personne. Le mineur devra donc encore y figurer, et son tuteur l'assistera de son *auctoritas.* Mais aucune représentation ne sera admise, et en aucun cas le tuteur ne pourra, comme administrateur, acquérir l'hérédité ; il ne le pourra pas davantage en son propre nom, à charge de la restituer plus tard au pupille. Comment donc les choses se passeront-elles lorsque le pupille sera dépourvu de volonté, lorsqu'il sera *infans* ou absent?

Dans le droit classique, il n'y avait aucun moyen général d'échapper à ces conséquences ; mais le droit prétorien et le droit civil lui-même permettaient, dans certains cas, d'éluder le principe.

(1) Inst., *de hered. qualit. et differ* , lib, II, xix § 7.

Le droit civil enlevait toute difficulté, lorsqu'il s'agissait de l'hérédité paternelle, en déclarant le fils héritier sien, c'est-à-dire de plein droit et sans aucune manifestation de volonté. Lorsqu'il s'agit d'une hérédité étrangère, le droit prétorien vint permettre au pupille âgé de moins de sept ans de faire adition d'hérédité, *tutore auctore*, aussitôt qu'il serait capable de prononcer quelques paroles (1).

Enfin, des moyens indirects de tourner la difficulté furent successivement établis. C'est ainsi que le testateur put instituer un esclave du pupille qui, faisant adition *jussu tutoris*, acquerrait l'hérédité pour son maître mineur (2). Il put encore instituer un tiers et le charger par fidéicommis de restituer l'hérédité au pupille. Dans ce cas-là, le tuteur peut forcer l'institué à faire adition d'hérédité ; il a aussi qualité pour recevoir le fidéicommis (3). Enfin, si le pupille est à la fois héritier *jure civili* et *bonorum possessor* d'après le droit prétorien, le tuteur peut demander la *bonorum possessio*, qui ne remplace pas, il est vrai, l'adition d'hérédité, mais qui procure une partie des avantages qui y sont attachés.

Mais peu à peu la rigueur des principes s'affaiblit, et les constitutions impériales vinrent permettre au

---

(1) L. 9, *de acq. vel amitt. hered.*, XXIX, 2.
(2) L. 50, *de acq. vel amitt. hered.*
(3) L. 35 § 3, *ad sen. Trebell.*, XXXVI, 1.

tuteur de faire adition d'hérédité pour le pupille lorsqu'il était encore *infans* (1).

Nous pouvons donc dire que, dès ce moment, l'*auctoritas* n'est plus nécessaire, et que le tuteur agit ici exactement de la même façon que pour tous les actes d'administration.

Les conditions nécessaires pour répudier une hérédité sont les mêmes que pour l'accepter ; le tuteur ne peut donc faire cet acte sans la participation du mineur, et nous devons appliquer les règles que nous avons énumérées pour l'adition. Remarquons, du reste, que l'inaction du tuteur pendant l'*infantia* du pupille n'aura rien de préjudiciable aux intérêts de ce dernier, qui pourra toujours plus tard accepter ou refuser. Cependant, lorsque le mineur est héritier sien et nécessaire d'une hérédité mauvaise, il est utile qu'il puisse s'en dessaisir ; c'est pour cela qu'on permet au tuteur d'user du bénéfice d'abstention (2).

Le mineur peut aussi, *tutore auctore*, répudier une *bonorum possessio*. Paul nous dit en effet : « *Tutor autem bonorum possessionem pupillo competentem repudiare non potest ; quia tutori petere permissum est, non etiam repudiare* (3). » Ulpien ajoute : « *Tutor impuberis an repudiare possit bonorum possessionem videamus? et magis est ne*

---

(1) L. 18, C., *de jur. delib.*, VI, 30 ; l. 8, C., th , *de bon. mat.*, VIII, 18.

(2) L. 4, C., *arb. tut.*, V, 51.

(3) L. 8, *de bon. poss.*, XXXVII, 1

possit : sed ille ex auctoritate tutoris repudiare potest (1). » Gaïus ajoute que c'est la volonté du tuteur qu'il faut considérer, car, sans elle, celle du mineur est insuffisante (2).

Dans le droit primitif, l'adrogation, exigeant la prononciation de paroles sollennelles, ne pouvait évidemment être exécutée que par le mineur lui-même avec l'*auctoritas tutoris*, et il n'y avait aucun moyen de suppléer à l'*infantia* du pupille. Plus tard, lorsque les *certa verba* cessèrent d'être exigés, il ne fut pas possible non plus au tuteur de faire seul cet acte si important, qui met fin à son administration et enlève le pupille à sa famille pour lui en donner une nouvelle.

Nous venons d'examiner dans quels cas l'*auctoritas* était nécessaire, et nous avons vu comment on y suppléait lorsque des circonstances dépendant du mineur l'empêchaient d'intervenir ; il nous reste à examiner comment les choses se passent lorsque c'est par suite d'un fait personnel au tuteur que l'*auctoritas* ne peut être donnée.

Lorsqu'un acte intéresse à la fois le tuteur et le pupille, il peut arriver que l'intérêt personnel du tuteur l'empêche de donner son *auctoritas* ; ceci se présentera notamment si le pupille veut faire acceptilation au tuteur d'une dette que celui-ci a contractée envers lui. Cet acte peut cependant être utile, avantageux pour le mineur ; mais il est im-

---

(1) L. 1 § 4, *de success. edict.*, XXXVIII, 9.
(2) L. 11, *de auct. et cons.*

possible au tuteur *auctor fieri in rem suam*. On ne peut, en ce cas, employer une personne placée sous la puissance du tuteur, un esclave par exemple, car le principe subsiste encore (1). Lorsque le tuteur ne peut agir comme administrateur, il y a donc une véritable difficulté, par exemple au cas d'un procès entre ce dernier et le mineur, dans le système des *legis actiones*. On nommait alors un tuteur spécial ou *tutor prætorius*, et le mineur se présentait lui-même en justice avec l'*auctoritas* de ce tuteur. A l'époque de la procédure formulaire, cette pratique n'avait plus aucune raison d'être, puisque l'intéressé n'était pas obligé de se présenter lui-même en justice. Elle fut néanmoins continuée en ce qui concerne les *judicia legitima*, Gaïus et Ulpien le disent formellement (2). Justinien abolit cette distinction, qui, nous venons de le dire, n'avait plus aucune raison d'être. Il prescrivit que, dans tous les cas, un curateur spécial serait nommé au pupille lorsqu'il plaiderait contre son tuteur (3).

Il peut aussi arriver qu'un tuteur qui vient d'être nommé propose une excuse qui soit rejetée, et fasse ensuite appel au magistrat supérieur : tant que la question n'est pas définitivement jugée, le tuteur n'a aucun pouvoir, l'administration est confiée à un curateur. Mais ce dernier ne pourra évidemment pas donner l'*auctoritas;* si le mineur doit faire

---

(1) L. 7, pr , *de auct. et cons.*
(2) Gaïus, I § 184; Ulp., XI § 24.
(3) Inst., liv. I, xxi, *de auct. tut.*, § 3.

quelques-uns des actes pour lesquels elle est nécessaire, il faudra alors lui nommer un tuteur spécial (1).

La situation sera identiquement la même si le tuteur a fait admettre une excuse temporaire. Le curateur administrera pendant l'éloignement momentané du titulaire, et un tuteur spécial devra être nommé pour interposer son *auctoritas* chaque fois qu'il en sera besoin (2).

Ces dispositions nous montrent bien que l'*auctoritas* est la fonction principale du tuteur, puisqu'on peut suppléer à toutes les autres par la nomination d'un curateur, et que pour celle-ci, au contraire, il est impossible de le remplacer ; s'il ne peut la remplir, on nommera un autre tuteur à sa place, et ce tuteur sera nommé exprès pour donner son *auctoritas*. Ces principes sont d'ailleurs en parfaite harmonie avec l'explication que nous avons donnée de la règle *Tutor personæ datur*. C'est précisément parce qu'il serait impossible au tuteur de venir, dans les cas que nous avons énumérés, compléter la personne juridique du mineur par son *auctoritas*, qu'il a fallu nommer un autre tuteur. Il y a là une exception au principe général, mais cette exception ne fait que l'affirmer et le fortifier (3).

(1) L. 17 § 1, *de appell.*, XLIX, 1.
(2) L. 19, *de auct. et cons. tut.*
(3) Il en résulte que, loin d'être, comme le voudrait Justinien, l'explication de la règle générale d'après laquelle les tuteurs ne sont pas donnés pour certains actes, cette maxime est au contraire la cause de toutes les exceptions à cette règle générale.

Enfin nous devons remarquer, à l'appui de cette opinion, que les tuteurs qui étaient donnés aux femmes lorsqu'elles avaient dépassé l'âge de la puberté n'avaient d'autres fonctions que d'interposer leur *auctoritas*, et cependant on les appelait encore tuteurs, ce qui montre bien que c'était l'*auctoritas* qui constituait la fonction essentielle, caractéristique de la tutelle romaine (1).

CHAPITRE V.

DES ACTES QUE LE MINEUR PEUT FAIRE SANS L'AUCTORITAS TUTORIS, ET DES CONSÉQUENCES DU DÉFAUT D'AUCTORITAS A L'ÉGARD DE L'OBLIGATION DU PUPILLE.

Jusqu'à présent nous avons étudié les actes dans lesquels l'*auctoritas* peut ou doit intervenir, en prenant seulement en considération la qualité même de ces actes et la nature des fonctions du tuteur; il nous reste maintenant à faire entrer en scène le mineur lui-même, et à nous demander quels actes il peut faire seul, quels actes au contraire il ne peut valablement accomplir qu'avec l'*auctoritas tutoris*.

L'âge du pupille a, nous le savons, la plus grande influence sur sa capacité. *Infans*, il est incapable

---

(1) Nous n'avons pas cru devoir nous étendre sur la tutelle des femmes, cet objet nous semblant sortir de notre sujet.

de faire aucun acte valable ; mais lorsqu'il a dépassé l'âge de sept ans, il peut agir valablement, soit seul, soit avec l'autorisation de son tuteur.

En effet, le mineur sorti de l'*infantia* n'est pas soumis à l'*auctoritas* pour tous les actes qu'il doit faire. Justinien nous indique en ces termes qu'il faut faire une distinction : « *Auctoritas tutoris in quibusdam causis necessaria pupillis est , in quibusdam non necessaria* (1) ».

Le pupille ne peut agir sans l'*auctoritas* toutes les fois qu'il s'agit de rendre sa condition pire. Cette formalité n'est, au contraire, pas exigée toutes les fois qu'il rend sa condition meilleure.

Les Institutes déterminent très-strictement par des exemples le sens de ces deux expressions.

Le pupille rend sa condition meilleure lorsqu'il acquiert la propriété, la possession, un droit réel quelconque, un droit de créance, ou bien encore lorsqu'il cesse d'être débiteur (2). Il rend sa condition pire lorsqu'il aliène, lorsqu'il s'oblige, lorsqu'il cesse d'être créancier (3).

Dans la première hypothèse, le pupille peut indifféremment agir seul ou avec l'*auctoritas tutoris* ; dans la seconde, au contraire, l'acte n'a aucune valeur s'il le fait seul : il faut que le tuteur intervienne pour l'autoriser.

(1) Inst., pr., *de auct. tut.* (I, 21).

(2) Gaius, II § 83 ; Inst., pr., *de auct. tut.* (I, 21); l. 2, *de accept.*, XLVI, 4.

(3) Gaius, II §§ 80 et 84 ; Inst, *de auct. tut.*

Mais nous avons dit plus haut que le tuteur était responsable de l'*auctoritas* qu'il avait donnée ; il s'ensuit naturellement qu'il la refusera lorsque le pupille voudra rendre sa condition pire, et qu'il n'estimera pas *hoc pupillo prodesse.* Mais lors même que le pupille veut rendre sa condition pire, il peut lui être utile d'agir, et le tuteur pourra lui accorder son *auctoritas* sans engager mal à propos sa responsabilité. Quand, par exemple, le pupille voudra vendre une maison d'une grande valeur et qui ne convient pas à sa position, pour en acheter une autre plus modeste, il pourra faire une très-bonne opération s'il vend sa maison un prix élevé et achète la seconde à bon compte.

Dans ce cas, il est évident que le tuteur ne court aucun risque d'être blâmé et devra donner son *auctoritas* au pupille.

Du principe posé plus haut il résulte que le pupille ne peut, sans l'*auctoritas tutoris,* faire un paiement ou le recevoir, donner ou recevoir en *mutuum.*

En effet, il n'y a paiement que lorsque le créancier devient propriétaire de l'objet donné par suite de la tradition qu'on lui en fait. Le pupille n'ayant pas transporté la propriété à l'*accipiens* peut revendiquer ce qu'il a payé ; mais le créancier qui n'aurait reçu que son dû pourra lui opposer victorieusement l'exception de dol, en vertu du principe *Dolo facit qui petit quod redditurus est.* Néanmoins la consommation de bonne foi valide le paiement (1).

Quelles sont les conséquences d'un paiement fait au pupille *sine tutoris auctoritate?* Le paiement valable produit deux résultats : le débiteur perd les écus, mais en même temps gagne sa libération ; le créancier, à l'inverse, gagne les écus, mais perd sa créance. Le pupille, pouvant rendre sa condition meilleure, acquerra aussi par la numération la propriété des espèces, mais il ne peut rendre sa condition pire, et par conséquent perdre sa créance. Il en résulte que le paiement est nul, et, par conséquent, que le débiteur peut être poursuivi et condamné à payer une seconde fois. Cette solution ne doit néanmoins s'appliquer qu'au cas où le pupille aura mal employé l'argent, *quod si male consumpserit* (2) ; car s'il a profité du paiement, s'il s'est enrichi, il pourrait encore agir contre le débiteur, mais il se verrait repoussé par l'exception de dol (3), qui profiterait à ce dernier jusqu'à concurrence du profit retiré par le mineur,

Les règles que nous venons d'énoncer s'appliquent au *mutuum*, considéré comme constituant un paiement fait ou reçu.

Mais l'application du principe que nous avons émis peut aussi présenter des difficultés, lorsqu'il s'agira

---

(1) L. 19 § 1, D., *de reb. cred.; l.* 9 § 2, *de auct. tut.; l.* 14 § 8, *de solut.*

(2) Inst., II, 8 § 3.

(3) L. 15, *de sol.; l.* 4 § 4, *de dol. mal. except.; l.* 47, *de sol.*

d'un acte complexe par suite duquel la condition du mineur sera rendue à la fois pire et meilleure.

C'est ce qui se présentera dans tous les contrats synallagmatiques, qui obligent immédiatement les deux parties.

Comment donc régler cette hypothèse ? Deux principes dominent la matière : d'abord le principe général que nous avons émis plus haut, d'après lequel l'acte est valable lorsqu'il améliore la condition du pupille, nul au contraire s'il la rend pire. Nous décomposerons donc l'acte, et nous appliquerons à ses deux éléments isolés les solutions qui précèdent. Mais il faudra concilier ces résultats avec la règle d'équité d'après laquelle nul ne doit s'enrichir aux dépens d'autrui. Les Institutes ne parlent pas de cette dernière règle, mais Antonin le Pieux la consacre très-formellement en décidant que le pupille qui a traité *sine tutoris auctoritate* sera tenu jusqu'à concurrence du profit qu'il aura retiré de l'acte (1).

Mais ces deux principes sont parfois difficiles à combiner, suivant les cas auxquels ils s'appliquent. Nous étudierons les résultats qu'ils fournissent dans le cas d'une vente consentie par le pupille. Deux hypothèses se présentent à l'esprit : ou bien la vente a été exécutée par les deux parties ou par une seule, ou bien elle ne l'a point été.

1° *Vente exécutée.* Supposons d'abord qu'il y

(1) L. 5, pr., *de auct. et cons.*

ait exécution d'un côté seulement. Si c'est le pupille qui a livré la chose, comme son engagement
est nul puisqu'il fait sa condition pire, il n'a jamais
cessé d'être propriétaire (1), et par conséquent il
peut revendiquer ; mais il s'enlève alors la faculté
de réclamer le prix de l'objet ; sans cela il s'enrichirait aux dépens de l'acheteur, contrairement au second principe que nous avons posé.

S'il y a eu exécution de la part de l'acheteur
seul, et que ce dernier ait payé son prix, une sous-
distinction est nécessaire. S'il a payé régulièrement, c'est-à-dire au tuteur, au pupille autorisé
ou devenu pubère, il est régulièrement libéré, et
de plus la vente est ratifiée ; par conséquent il peut
réclamer l'objet. Mais s'il a payé au pupille sans
que ce dernier ait obtenu l'*auctoritas tutoris*, il
n'est point libéré de sa créance ; quant au prix qu'il
a versé, il ne peut en demander la restitution que
dans la mesure de ce qui a profité au pupille,
quatenus pupillus locupletior factus est (2).

Si la vente a été exécutée par les deux parties, il
faut faire la même distinction. Quand la partie paie
au pupille autorisé ou devenu pubère , ou à son
tuteur, la vente est ratifiée comme si elle avait été

---

(1) M. Demangeat dit que, l'autre partie restant obligée, il en résulte que le mineur ne peut se faire rendre ce qu'il a fourni (car
alors il s'enrichirait aux dépens de l'acheteur). La solution que nous
adoptons nous semble plus conforme aux deux principes. 1° En vertu
du premier, le contrat est nul : il y a donc lieu à revendication ;
2° en vertu du second, le mineur s'ôte toute faculté de réclamer le
prix : il ne s'enrichit donc pas aux dépens de l'acheteur.

(2) L. 5 § 1, D., *de auct. et cons.*

conclue entre personnes capables. Mais si au moment de l'exécution le pupille était encore impubère et n'a pas été autorisé de son tuteur, il restera propriétaire de la chose et pourra la revendiquer, mais avec obligation de rendre la portion du prix dont il a profité. Quant à l'acheteur, il reste lié tant que le pupille ne revendique pas, et n'a aucune action pour réclamer son prix.

2° *Vente non exécutée.* Le pupille pourra agir pour obtenir le paiement du prix, car il peut rendre sa condition meilleure ; mais le tiers pourra lui opposer l'exception *doli mali* (1) et lui dire : Je suis prêt à exécuter mon obligation, mais le paiement que je vais faire vous produira un certain profit dont je pourrai immédiatement vous demander compte ; donc recommençons la vente avec les formes exigées, ou bien je conserve le prix (2). Si l'acheteur réclamait la livraison de la chose, le pupille n'aurait qu'à lui opposer la nullité de son engagement ; mais s'il réclamait le prix ensuite, il se verrait repoussé par l'exception de dol.

Une question très-controversée est celle de savoir pour qui seraient les risques dans le cas où la chose donnée en paiement par le pupille aurait péri chez le créancier par cas fortuit ? Dans une opinion, on invoque le principe *Res perit domino* et

_____

(1) M. Demangeat dit que l'engagement du pupille constitue une obligation naturelle dont le tiers peut se prévaloir par voie d'exception.

(2) L. 8, pr , *de dol. mal. et met. except.*, XLIV, 4 ; l. 7 § 1, *de resc. vend.*, XVIII, 5.

les lois 6 et 9 au Code, *de pign. act.*, et on prétend
que les risques sont pour le pupille puisqu'il n'a
pas cessé d'être propriétaire. Nous préférons avec
Vinnius l'opinion contraire, et nous les faisons
supporter par le créancier, en sorte que la perte
par cas fortuit opérera, selon nous, le même résultat
que la consommation de bonne foi : le pupille sera
libéré. Et voici nos raisons de décider ainsi. Dans la
première opinion, on retourne contre le pupille une
faveur que la loi lui accorde ; en effet, s'il conserve le
dominium sur l'objet donné en paiement, c'est que
l'on craint qu'il ne paie plus qu'il ne doit. D'autre
part, l'*accipiens* a eu tort de ne pas faire intervenir
le tuteur. Or, si on ne validait pas le paiement par
suite de la perte, on arriverait à ce résultat fort
bizarre : que le créancier en faute d'avoir reçu d'un
incapable serait mieux traité que celui qui aurait
reçu de l'incapable régulièrement autorisé, et qui
n'aurait par conséquent rien à se reprocher. C'est
bien dans cet esprit qu'est conçue la constitution
des empereurs Théodose et Valentinien, dont voici
les termes : « *Quod favore quorumdam constitu-
tum est, quibusdam casibus ad læsionem eorum
nolumus inventum videri* (1). »

Il résulte donc de l'application de ces règles que
le pupille ne s'enrichit jamais aux dépens des tiers,
qui néanmoins subissent parfois une perte pour
lui éviter un appauvrissement ; c'est à eux à se

(1) C., l. 6, *de leg.*

garder d'agir imprudemment avec le mineur, ou de tenter de spéculer sur son incapacité.

Certains autres contrats présentent encore le caractère mixte que nous venons d'étudier dans les contrats synallagmatiques, l'adition d'hérédité par exemple. Cet acte suppose en effet l'acquisition de biens et de dettes, et par conséquent rend la condition du mineur à la fois pire et meilleure.

Appliquerons-nous les principes que nous venons d'émettre ?

S'il en était ainsi, le mineur serait investi de tous les droits actifs compris dans l'hérédité, mais il ne devrait payer aucune dette, acquitter aucun legs ; il serait maître de dissiper le gage des créanciers, et ne leur devrait compte que de la partie de la succession qui aurait tourné à son avantage.

Mais cette solution conduirait à faire deux portions de l'hérédité, qui forme un tout indivisible, et à considérer un individu comme héritier pour partie, comme étranger à la succession pour une autre partie. D'ailleurs il serait inique d'exposer des tiers qui ont pris toutes leurs précautions en traitant avec le *de cujus* à voir leurs droits méconnus parce que la succession est échue à un mineur. La situation est ici absolument différente du cas où le mineur a traité avec un tiers : alors, en effet, le tiers n'est engagé que par sa propre volonté ; s'il a contracté avec le mineur, c'est qu'il l'a bien voulu, et il a dû prendre toutes ses précautions. Lors au contraire qu'il s'agit de l'adition d'hérédité, les droits des tiers seraient compromis sans qu'on puisse leur imputer aucune faute, et par suite de la seule volonté du pupille.

Aussi les Instituts, après avoir établi les principes que nous avons mentionnés plus haut, ont-elles bien soin d'ajouter que, pour l'adition d'hérédité, l'*auctoritas tutoris* sera toujours nécessaire, quand bien même la succession serait opulente : « Neque tamen hereditatem adire, neque bonorum » possessionem petere, neque hereditatem ex » fideicommisso suscipere, aliter possunt nisi tu- » toris auctoritate, quamvis illis lucrosa sit nec » ullum damnum habeat (1). »

Le pupille ne peut donc faire adition d'hérédité sans l'*auctoritas tutoris*, et s'il le faisait en l'absence de cette formalité, cette adition n'aurait aucun effet et devrait être considérée comme non avenue. Les mêmes règles s'appliquent d'ailleurs à la répudiation d'une hérédité, dont les effets sont indivisibles comme ceux de l'adition. Enfin nous avons vu que les Instituts assimilent à l'hérédité la *bonorum possessio* et le fidéicommis d'hérédité.

Cependant le pupille s'oblige dans deux circonstances, indépendamment de l'assistance de son tuteur. Il est tenu, par suite de ses délits, quand il est *proximus pubertati*, parce qu'alors, dit-on, *malitia supplet ætatem* (2). De plus, étant *doli*

---

(1) Inst. § 1, de auct. tut. ; Ulp., l. 8, pr., de acquir. vel amitt. hered. (29, 2).
(2) D., de reg. jur., l. 111

capax, il devient débiteur par suite de faits illicites.

Mais, si la règle que le pupille ne peut pas s'obliger *sine tutoris auctoritate* est absolue pour les contrats (1), il n'en est pas de même des quasi-contrats, car alors, le consentement n'étant pas nécessaire à la formation de l'obligation, qui naît par la force même des faits et indépendamment de la volonté, les imperfections ou l'absence de l'*animi judicium* importent fort peu. Ainsi, par exemple, dans la gestion d'affaires, il n'y a pas à s'enquérir de la capacité du *dominus negotii*, qui se trouve obligé même à son insu (2); aussi voyons-nous que l'impubère et le fou, mis, à ce point de vue, sur la même ligne, sont tenus envers le gérant d'affaires (3). Le pupille toutefois n'est pas tenu aussi étroitement que le serait un pubère, et, à vrai dire, la source de son obligation est moins dans la gestion d'affaires que dans l'enrichissement qui en résulte. Il a bien contre le gérant l'action *negotiorum gestorum directa*; mais celui-ci n'aura contre lui que l'action *de in rem verso*, et non pas l'action *negotiorum gestorum contraria*. Une notable différence sépare ces deux actions; l'une est beaucoup plus restreinte que l'autre. L'action de gestion d'affaires comprend toutes les dépenses bien et utilement faites par le gérant, et il y a dépense utile

(1) D., l. 7, pr., *de auct. tut.*
(2) Inst., III, 27 § 1; D., l. 2, *de neg. gest.*
(3) D., l. 3 § 5, eod.

4

alors même que le *dominus negotii*, par suite d'un
événement postérieur et accidentel, n'en aurait pas
profité ; c'est ce qu'on exprime en disant : *Sisti
debet extensio circa casus proximos.* Pour apprécier la gestion, on doit se placer au moment où elle
a été entreprise. Supposons par exemple une
maison qui tombe en ruines ; le propriétaire est
absent : un étranger lui fait faire d'utiles réparations ; plus tard la maison périt par le feu du ciel.
Bien que le *dominus* ne soit pas en fait devenu plus
riche, il devra rembourser au *negotiorum gestor* le
montant intégral de ses dépenses, parce qu'elles
étaient ùtiles au moment même où elles ont été
faites ; au contraire, dans la même hypothèse, le pupille actionné ne devra rien, parce que, bien qu'il y
ait eu bonne et utile gestion, il n'en est pas devenu
plus riche, et que, quand ses affaires ont été gérées
sine tutoris auctoritate, il ne doit subir d'action que
in quantum locupletior factus est au moment de la
litis contestatio (1).

Il en est autrement de l'action *tutelæ contraria.*
Ulpien nous dit que le préteur imagina cette action
dans l'intérêt des impubères , dont les tuteurs seraient d'autant plus disposés à administrer la fortune, qu'ils sauraient leur pupille obligé envers
eux par suite de leur administration (2). C'est donc
là encore un cas dans lequel le pupille sera obligé
sans l'autorisation de son tuteur, qui n'aurait d'ail-

---

(1) D., l. 37, pr., *de neg. gest.*, Paul.
(2) D., *de cont. tut.*, l. 1, pr.

leurs pu la lui donner à cause du principe *Ipse tutor in re sua auctor esse non potest*; il sera même plus étroitement tenu envers son tuteur qu'il ne l'était dans l'hypothèse précédente. On lui fait ici l'application pure et simple des principes de la gestion d'affaires, et, sans examiner le résultat, on ne s'attache qu'à une bonne et utile gestion (1). Par l'action *tutelæ contraria*, qui ne s'ouvrira qu'à la fin de la tutelle, le tuteur se fera tenir compte par le pupille des dépenses raisonnables qu'il a faites pour son entretien, pour la conduite des procès nécessaires (2); alors même qu'il n'aurait rien déboursé, il pourra agir à raison des obligations qu'il a contractées par suite de sa gestion (3), et, d'une façon générale, se faire indemniser de toutes les conséquences de son administration.

Il faut encore comprendre, au nombre des quasi-contrats qui obligent le pupille *sine tutoris auctoritate*, ceux qui naissent *ex re*, par le fait même de la communauté entre copropriétaires par indivis d'un objet particulier ou d'une hérédité. Ainsi le pupille sera passible des actions *communi dividundo, familiæ erciscundæ*, et devra non-seulement subir la cessation de l'indivision, mais encore supporter, en proportion de sa part de copropriété, les frais faits pour l'utilité commune et indemniser ses

(1) 3 § 7, *de neg. gest.*, Ulp.
(2) L. 2, *ubi pup. educ.*; l. 1 § 9, *de tut. et rat.*
(3) L. 6, *de cont. tut.*

communistes, s'il est *doli capax*, des détériorations provenant de son fait (1).

Il y a toutefois des exceptions à la règle que le pupille est obligé par quasi-contrat sans l'*auctoritas tutoris*. Ainsi il ne s'oblige pas seul par suite du paiement de l'indu, et nous avons dit qu'il ne peut faire adition d'hérédité sans le concours de son tuteur.

On peut donc poser en règle générale que là où l'obligation *quasi ex contractu* suppose le fait volontaire de celui qui s'oblige, le pupille, incapable de se lier par son consentement, restera incapable de s'obliger *quasi ex contractu*.

Il nous reste à examiner si le pupille est engagé naturellement lorsqu'il a contracté *sine tutoris auctoritate*.

Nous avons déjà dit que le pupille n'était pas susceptible d'être, en ce cas, attaqué au moyen d'une action, c'est-à-dire qu'il n'était pas civilement obligé.

Cependant un rescrit d'Antonin vint donner une action et permettre de recourir contre le pupille lorsque ce dernier aurait profité du contrat, et d'obtenir restitution dans la mesure du *quatenus pupillus locupletior factus erat*.

Mais au cas où le pupille qui a contracté sans l'*auctoritas tutoris* ne se serait pas enrichi, ne se formera-t-il pas au moins une obligation naturelle ?

Cette question a fait depuis longtemps l'objet

(1) L. 46, pr., *de obl., de com. div.*; l. 33, *pro socio.*

d'une controverse des plus vives entre les auteurs, controverse qu'explique d'ailleurs le désaccord des textes en cette matière.

Deux textes des Pandectes semblent exclure formellement toute idée d'obligation naturelle (1) ; mais des fragments nombreux dus aux principaux jurisconsultes romains, à Papinien, Paul, etc., reconnaissent au contraire l'existence d'une obligation naturelle et consacrent toutes les conséquences de cette obligation.

Les auteurs sont d'accord pour reconnaître l'existence d'une obligation naturelle, mais les systèmes les plus divers ont été émis pour expliquer les solutions différentes données par ces textes ; tous reposent sur une distinction.

Dans un premier système, les deux périodes qui suivent l'*infantia* seraient la base de cette distinction. L'*infantiæ proximus* ne serait pas lié, comme l'*infans* ; au contraire, une obligation naturelle naîtrait à l'encontre du *pubertati proximus*. Cette doctrine est opposée au principe que nous avons adopté plus haut, d'après lequel l'*infantiæ proximus* est assimilé au *pubertati proximus*, si ce n'est pour les délits (2).

Cujas et Pothier pensent qu'il faut distinguer s'il y a eu enrichissement de la part du pupille, et,

_____

(1) L. 14, D., *de cond. indcb.* (Néralius), l. 59, D., *de oblig.* (nº xxxiv).

(2) Ce système, dû à Accurse, a été suivi par Doneau.

dans ce cas seulement, admettent l'existence de l'obligation naturelle.

Mais cette opinion est en contradiction avec les textes. Papinien, supposant un individu ayant prêté de l'argent au pupille sans l'*auctoritas tutoris* et devenu dans la suite héritier de l'emprunteur, dit que l'emprunt fait par le pupille figurera *in solidum*, c'est-à-dire indépendamment de toute idée d'enrichissement, dans le passif de l'hérédité, au détriment des légataires et au profit de l'héritier, qui prendra cette somme à titre de créancier (1). Cujas prétend, pour accorder ce texte avec sa doctrine, que Papinien rapporte ici ce qui avait lieu dans une législation antérieure, et qu'aujourd'hui (2) on peut se faire payer jusqu'à concurrence de l'enrichissement ; mais il est obligé, pour arriver à ce sens, d'enlever les mots *in solidum* qui le contrarient absolument et de les remplacer par *in solutum*. Cette explication est d'autant moins acceptable que les Basiliques ne laissent aucun doute sur le sens que nous avons donné ; voici en quels termes elles s'expriment : « *Totum enim, neque id tantum in quantum locupletior factus est, in hereditate consequor.* »

Cujas invoque à l'appui de son système la loi 25 § 1, *quand. dies legat.* (n° xxxvi), dont voici la substance :

On a légué une créance sur un pupille, et cette créance avait été formée sans l'*auctoritas tutoris*.

---

(1) L. 95 § 2, D., *de solut.* (n° xxxv).
(2) Depuis le rescrit d'Antonin.

Le texte de Papinien disait qu'il n'y avait pas enrichissement; malheureusement il est à peu près
illisible; mais les Basiliques ne laissent aucun doute
à ce sujet. D'ailleurs la solution donnée par Papinien montre bien qu'il n'y a pas enrichissement,
puisque, d'après lui, il n'existe en ce cas aucune
action, ce qui aurait lieu, conformément au rescrit
d'Antonin, s'il y avait enrichissement. Il reconnaît
donc l'existence d'une obligation naturelle indépendamment de toute idée de gain de la part du
pupille.

Papinien remarque, en effet, que si la ressource
d'une action fait défaut parce qu'il n'y a pas eu
enrichissement de la part du pupille, le legs n'est
pas néanmoins dépourvu de valeur. Il devient legs
conditionnel, subordonné à l'éventualité du paiement qui est possible de la part du pupille, et qui
ne serait alors que l'accomplissement d'une obligation naturelle.

Cette doctrine est d'ailleurs celle de Paul, qui,
faisant la même hypothèse que Papinien, constate
que le paiement, de la part du mineur, constituerait
l'extinction d'une obligation naturelle (1).

Peut-être nous objectera-t-on la loi 13 § 1, D., *de
cond. ind.* (n° xxxviii), d'après laquelle un pupille
qui aurait emprunté sans l'*auctoritas tutoris* et qui
se serait enrichi n'a pas droit de répéter quand il a
payé après sa puberté. Nous pourrions répondre

(1) L. 21, pr., D., *ad leg. Falcid.* (n° xxxvii).

que l'enrichissement n'est ici qu'une condition de plus pour la validité du paiement, mais qu'on n'est pas autorisé à en conclure qu'elle est indispensable, et que sans elle le paiement serait nul.

Dans un troisième système, il y aurait ou non obligation naturelle suivant la personne vis-à-vis de laquelle on veut faire valoir cette obligation. Vis-à-vis du pupille il n'y a pas d'obligation naturelle ; au contraire, si les conséquences de l'acte ne sont réclamées qu'après sa mort, ou vis-à-vis des tiers, l'obligation naturelle existe. Mais les textes sont également contraires à cette interprétation, et nous montrent souvent l'obligation naturelle produisant ses effets à l'égard du pupille lui-même (1).

Nous pensons que l'existence de l'obligation naturelle est générale, mais que cette généralité est tempérée par bien des restrictions ; c'est ainsi qu'on ne pourra l'opposer au pupille par voie de rétention, d'exception. Il faudra que le débiteur exécute l'obligation, soit lorsqu'il sera devenu pubère, soit dans les conditions de validité voulues par la loi. La compensation ne saurait non plus être autorisée, elle serait en effet un moyen détourné de permettre au pupille de faire sa condition pire sans l'*auctoritas tutoris*.

Mais, à l'égard des tiers, ces ménagements ne devront plus être gardés, et l'obligation naturelle

---

(1) Cette opinion, indiquée par Doneau et reproduite par Vinnius, paraît être celle d'un grand nombre d'auteurs allemands : de Vangerow, Weber, Gluck, Unterholzner

existera toujours, car ils ont dû prendre leurs précautions et savoir qu'ils traitaient avec un incapable ;
c'est ainsi que, dans le cas où un créancier aura consenti à libérer son débiteur sur le seul engagement
du pupille, et sans l'*auctoritas tutoris*, il se sera
opéré une véritable novation par suite de l'existence
de l'obligation naturelle , et le tiers subira les
conséquences de son imprudence (1).

(1) L. 1 § 1, D., *de noval.* (Ulp.).

DROIT FRANÇAIS

DES AUTORISATIONS DE PLAIDER

NÉCESSAIRES AUX COMMUNES

ET AUX ÉTABLISSEMENTS PUBLICS

AVANT-PROPOS.

La commune constitue une personne civile, capable de tous les actes que la loi permet aux particuliers ; elle peut être propriétaire, créancière, débitrice ; elle peut contracter, agir en justice. Bien qu'elle soit soumise aux principes généraux du droit civil, elle n'a pas néanmoins une entière liberté d'action, qui aurait pu lui fournir les moyens de compromettre son avenir par des actes irréfléchis. Elle est condamnée à une sorte de minorité perpétuelle, sous la tutelle de l'administration supérieure.

Nous nous proposons d'étudier le caractère particulier de la commune, et d'examiner les actes de sa vie civile en matière de procès, les précautions et les garanties par lesquelles le législateur l'a protégée ; mais il nous faudra souvent parler de l'organisation générale de la commune et des règles posées par le législateur pour tous les actes de sa vie civile. Aussi, avant d'aborder l'objet principal de notre étude, croyons-nous utile de rappeler en quelques mots par quelles phases les communes ont passé avant d'arriver au point où elles sont aujourd'hui.

La commune est antérieure à tous les gouvernements. « Elle existe, comme la famille , avant l'Etat, a dit M. Roger-Collard ; la loi politique la trouve et ne la crée pas. »

La tribu, formée de quelques familles, que des besoins communs ont réunies, est certainement la première origine de l'association communale. Les Romains trouvèrent l'Italie divisée en un grand nombre de petites sociétés, dont ils cherchèrent à faire un seul empire ; mais ils durent respecter ce que la nature elle-même avait créé, les associations locales, les villes, qu'ils appelèrent municipes. Ce titre fut, à l'origine, donné seulement aux villes dont les habitants pouvaient participer aux honneurs de la cité romaine ; mais sous l'Empire il s'appliqua à toute ville ayant ses lois et ses droits propres, sans être soumise à la législation romaine. Les fonctions administratives étaient divisées entre

les *duumviri* et les *censores* (1). Parfois ils les partageaient avec les édiles, dont les attributions présentent une grande analogie avec celles des maires
et des adjoints de nos communes ; comme eux, en
effet, ils devaient veiller à la sûreté et à l'administration de la ville, et, comme eux aussi, ils avaient
le pouvoir de faire des règlements. Il y avait encore
un *curator kalendarii* chargé de l'administration
des finances , un *curator prœdiorum* chargé des
immeubles, et un *actor* ou *syndicus* qui représentait la cité en justice. Auprès de ces magistrats
chargés du pouvoir exécutif, se trouvait un conseil,
formé à l'imitation du Sénat romain et chargé de la
délibération.

La Gaule emprunta ou se vit imposer la plupart
des institutions romaines ; comme l'Italie, elle eut
ses municipes. Les invasions des Barbares ne mo-
difièrent que bien peu ce régime. Clovis, vainqueur
des Romains, apprit du vaincu la science de gouverner ; les institutions romaines furent conservées.
Les capitulaires des rois et empereurs de la première et de la seconde dynastie prouvent l'existence
des curies, des élections populaires pour les évêques
et les magistrats municipaux , et révèlent d'une
façon évidente l'existence non interrompue du
droit municipal romain. Les cités qui, sous la do-
mination romaine, avaient joui de leur liberté, Marseille, Arles, Nîmes, Toulouse, Bourges et Paris, con-

(1) Qui y jouaient à peu près le même rôle que les consuls et les
censeurs à Rome.

tinuent de se gouverner par elles-mêmes, et à leurs côtés surgissent de nouvelles villes qui revendiquent aussi ces libertés.

Mais c'est surtout dans le midi de la France que s'étaient conservées les franchises municipales. Dans le nord, au contraire, l'esprit des races germaniques s'était substitué aux idées romaines. La féodalité s'y formait peu à peu, étouffant partout les libertés municipales et les remplaçant par la raison du plus fort. Cependant ce n'est pas sans lutter que les villes se virent imposer le régime féodal. Au xe siècle, ce régime est dans toute sa puissance, mais les villes commencent déjà à s'enrichir, et déjà aussi on peut prévoir le moment où, lassées par les exactions continuelles des seigneurs, elles revendiqueraient leur liberté.

L'insurrection, qui avait longtemps couvé dans les secrètes assemblées des bourgeois, éclata bientôt de toute part. Les seigneurs résistèrent longtemps, et bien des communes, comme Laon, Amiens, le Mans, Cambrai, ne purent acquérir leur liberté qu'à la pointe de l'épée.

Les bourgeois victorieux organisèrent un corps électif de magistrature, dont les membres, appelés jurés, se partageaient les fonctions judiciaires et l'administration civile. Un trésor commun était établi, une charte réglait les droits et obligations de la commune et de ses habitants. Du reste, rien de plus varié que les régimes établis par ces chartes : les libertés obtenues étaient en raison des difficultés vaincues, et l'on peut remarquer que là où la féodalité était plus puissante, dans le nord par exemple, les communes exigèrent de plus nombreuses garanties. Malgré ces diversités d'organition, qui nous montrent depuis la commune à peine émancipée, mais ne possédant même pas de gouvernement local, jusqu'à la commune républicaine, certains principes étaient écrits dans presque toutes les chartes : l'abolition des servitudes personnelles, l'élection des magistrats municipaux par les habitants.

Les communes françaises étaient formées, et formées par leur propre effort ; car la protection que leur accorda la royauté, protection vantée bien haut par certains historiens et affirmée jusque dans le préambule de la Charte de 1814, s'était bornée à quelques chartes octroyées à prix d'argent. Et la meilleure preuve que la royauté ne fut pas favorable à ce mouvement, c'est qu'aucune des villes du domaine de la couronne n'obtint des libertés aussi complètes que celles des villes seigneuriales, et que plusieurs, au contraire, virent, comme Orléans, leurs tentatives sévèrement réprimées par la force. La royauté ne marchait déjà plus devant le peuple ; on était loin des élections du Champ-de-Mai et des rois populaires des premières dynasties.

La formation des communes du moyen âge diffère totalement, on le voit, de celle des municipes romains. Les municipes, formés par la conquête, ont été dès l'origine forts et puissants. Les communes, au contraire, se sont formées peu à peu par le travail, et se sont affranchies par l'insurrection. Cette différence d'origine entraîne aussi de profondes différences d'organisation.

Dans les cités romaines, comme à Rome elle-même, le gouvernement était concentré entre les mains de quelques familles riches et puissantes. Dans les communes du moyen âge, au contraire, l'exercice du pouvoir municipal appartient à tous, les classes aristocratiques habitent la campagne, les populations inférieures se groupent dans les villes, et s'efforcent de s'affranchir derrière leurs murs. L'esprit démocratique règne dans l'organisation de ces communes.

Le mouvement était peut-être prématuré, et d'ailleurs bien des causes s'opposaient au développement des communes. Le pouvoir central, concentré aux mains de la royauté, ne pouvait permettre l'établissement de tant de petites républiques. Ce qui était alors possible en Allemagne et en Italie ne l'était pas en France.

La confédération eût pu sauver les communes, ou tout au moins retarder leur ruine. Elles se querellèrent, au contraire, entre elles, et se firent partout la guerre ; aussi ne tardèrent-elles point à disparaître devant le pouvoir royal, qui chaque jour devenait plus puissant.

Mais, indépendamment du rôle politique qu'elles avaient joué, et dont la grandeur offre un des plus beaux spectacles que fournisse l'histoire, les com-

munes avaient légué à la France les principes et
les bases du droit municipal encore aujourd'hui en
vigueur.

La royauté, qui avait encore besoin des communes contre les grands seigneurs, se garda bien,
tout en détruisant leur indépendance, de toucher
à leurs libertés municipales. Chaque roi, pour ainsi
dire, prenait à tâche de déclarer son respect pour
ces libertés. Le principe de la liberté des élections
municipales se trouve reproduit dans l'édit de
Moulins de 1560, dans la fameuse ordonnance de
Moulins et dans celle de Blois. Louis XIV lui-
même maintint dans toute son intégrité le régime
municipal, mais la nécessité de trouver des ressources financières le força de créer la vénalité des
offices. Cependant plusieurs documents législatifs
témoignent des ménagements que gardait la royauté
vis-à-vis des communes, et des soucis qu'elle prenait pour leur administration. C'est de cette époque
que datent les principales mesures ayant pour
objet de créer la représentation des communes
devant la justice, et les mesures nécessaires à leur
protection. C'était le but de l'édit de 1682, de la
déclaration de 1687 et de celle du 2 octobre 1703.
Mais déjà l'opinion publique réclamait davantage.
La révolution de 1789 éclata et rendit aux communes leurs franchises municipales. La constitution des communes fut une des premières préoccu-
pations de l'Assemblée nationale, et, dès le 22 décembre 1789, elle votait le magnifique projet conçu

par Sieyès et si habilement développé par le député Thouret, qui, prenant pour base la population et la cote de contribution directe, divisa la France en départements, le département en districts, le district en municipalités. Les franchises n'appartenaient plus à telle ou telle ville désignée, mais à toutes les communes constituées de la même façon et soumises aux mêmes règles. La commune n'était pas créée, elle était reconnue, et elle constituait à la fois une division territoriale et administrative et un être moral susceptible d'avoir des droits et d'être soumis à des obligations.

Plusieurs lois intervinrent et organisèrent la représentation de la commune comme corps politique et comme être moral. Parmi elles, nous devons citer les lois des 28 pluviôse de l'an VIII, 23 mars 1831, 28 juillet 1837, le décret du 25 mars 1852, les lois du 5 mai 1855 et du 24 juillet 1867.

C'est comme être moral que nous devons étudier la commune, et c'est surtout de sa représentation en justice que nous devons traiter. Ce sera l'objet de la première partie de notre travail.

Nous examinerons dans la seconde partie les règles établies par la loi pour la représentation et la protection en justice des établissements publics.

PREMIÈRE PARTIE.

COMMUNES.

———

CHAPITRE PREMIER.

ORIGINE ET GÉNÉRALITÉ DU PRINCIPE DE L'AUTORISATION DE PLAIDER.

On a comparé avec une certaine justesse les personnes morales du droit administratif aux incapables du droit civil. Comme eux, en effet, elles sont dépourvues de la faculté de se gouverner, comme eux aussi elles peuvent avoir des intérêts considérables à sauvegarder.

Aussi le droit administratif a-t-il organisé pour les êtres moraux qu'il avait créés ou reconnus un système de protection, parfois calqué sur celui du Code civil à l'égard des incapables, mais qui parfois aussi s'en éloigne profondément.

C'est principalement en matière de procédure que de nombreuses règles ont dû être établies pour la représentation et la protection des personnes morales du droit administratif. Nous n'avons à étudier ici que les dispositions s'appliquant aux communes.

La commune est représentée en justice par son maire, qui n'agit que sous l'inspiration du conseil municipal. Mais ce conseil peut ne pas posséder les connaissances et surtout les éléments d'appréciation suffisants pour juger le bien fondé d'une demande. C'est pourquoi le législateur n'a pas voulu que les représentants d'une commune puissent, de leur propre autorité, l'exposer aux chances d'un procès ; il a exigé qu'avant d'être présentée devant la justice, la demande de la commune fût examinée ; et il a confié cet examen et le pouvoir d'autoriser la commune à ester en justice à un conseil composé d'hommes rompus à la pratique du droit et présidé par le premier magistrat du département, au conseil de préfecture.

La nécessité de cet examen ne saurait être contestée : personne n'ignore en effet à quelles variations peuvent être sujets des corps dont l'existence devient de plus en plus politique (1), comme les conseils municipaux ; et d'ailleurs il est évident qu'ils compteront bien rarement des jurisconsultes dans leur sein, et que, dès lors, il leur sera difficile d'apprécier les chances de succès d'une demande.

Le principe de l'autorisation n'est pas nouveau dans notre droit. Dès 1682, un édit portant règle-

---

(1) Surtout depuis que la loi du 2 août 1875 a donné aux conseils municipaux la mission de choisir un électeur sénatorial par commune.

ment pour les dettes des communautés faisait défense aux maires, échevins, jurats et consuls d'intenter aucune action, de commencer aucun procès sans avoir obtenu le consentement de l'assemblée générale des habitants ; et cette délibération, dit l'édit, devra être confirmée et *autorisée* par écrit du commissaire départi en la généralité. C'est, on le voit, le principe de l'autorisation posé en termes très-précis. La déclaration du 2 août 1687 vint détailler la procédure à suivre en cette matière, et celle du 2 octobre 1703 confirma toutes ces règles.

Ces dispositions de notre ancien droit, encore en vigueur après 1789, ont permis à la Cour de cassation d'affirmer la nécessité de l'autorisation de plaider bien avant nos lois nouvelles (5 nov. 1832, 26 nov. 1834) (1).

Le droit intermédiaire maintint cette institution si sage. Le décret du 14 décembre 1789 exigeait en effet la convocation et l'avis du conseil général de la commune lorsqu'il s'agissait de plaider (art. 54), et cet avis devait être *approuvé* par le directoire de département (art. 56). Enfin, si nous parcourons les diverses modifications qu'a subies l'organisation administrative de la France, nous trouvons à chaque

(1) Le Parlement avait rendu en 1789 un arrêté réglant une question de propriété entre plusieurs propriétaires et les communes de Bélesta et autres, dont les syndics avaient agi sans autorisation. Cet arrêté resta sans exécution pendant quarante ans ; lorsqu'on voulut l'opposer aux communes, elles formèrent un pourvoi, que la Cour de cassation admit, se fondant sur ce que, contrairement à l'édit de 1683, les syndics des communes avaient agi *sans autorisation*.

époque une disposition législative, touchant l'objet
qui nous occupe. A côté de la constitution de fructidor an III, créant les administrations municipales
de canton, nous rencontrons la loi du 29 vendémiaire
an V, dont l'article 3 porte que les agents des
communes et officiers municipaux ne pourront intenter ou suivre une action sans prendre l'avis de
l'administration municipale et l'*autorisation* de
l'administration centrale de département.

En l'an VIII, à l'époque où fut établie l'organisation administrative de la France telle qu'elle existe
actuellement, c'est dans la grande loi créatrice de
tous les organes administratifs de notre pays, la
loi du 28 pluviôse de l'an VIII, que sont écrites les
dispositions relatives à notre sujet, dispositions qui
régissent encore aujourd'hui la matière. L'article 4
de cette loi confère en effet aux conseils de préfecture la mission de statuer sur les demandes en
autorisation de plaider présentées par les communes. Ce principe fut encore posé plus tard dans
l'article 1032 du Code de procédure civile. Enfin
la loi sur l'administration communale du 18 juillet
1837 (art. 49 et 54) vint encore affirmer, tout en
les modifiant, les règles qui se rapportent à notre
sujet. Le décret du 25 mars 1852, sur la décentralisation, apporta aussi quelques changements,
portant d'ailleurs bien plus sur la forme que sur le
fond.

C'est donc dans la loi du 28 pluviôse de l'an VIII,
dans celle du 18 juillet 1837 et enfin dans le décret

du 25 mars 1852 que se trouvent les dispositions qui régissent notre matière. Mais c'est surtout dans la loi de 1837 que nous trouverons les éléments de notre travail ; nous aurons donc à étudier soigneusement ses dispositions ; nous rechercherons dans les travaux préparatoires quels sont les motifs qui les ont inspirées, et nous en discuterons la valeur. Nous aurons ensuite à examiner, et ce ne sera pas la partie la moins longue de notre travail, comment la jurisprudence savante du conseil d'Etat a entendu les principes posés par la loi et comment elle les a appliqués.

Nous venons d'exposer quelles ont été les origines de l'autorisation ; nous allons maintenant étudier le principe en lui-même, tel qu'il a été posé par la loi de 1837 ; nous rechercherons ensuite successivement dans quels cas l'autorisation est nécessaire, quelle procédure on doit suivre pour l'obtenir, puis nous examinerons quelle est la nature de cet acte d'autorisation. L'étude des règles relatives aux sections de commune et aux communes réunies terminera cette première partie de notre sujet. Nous consacrerons, nous l'avons dit, la seconde à l'exposition des principes qui s'appliquent aux établissements publics.

« Nulle commune ou section de commune ne peut introduire une action en justice ou y défendre sans être autorisée par le conseil de préfecture. »

Tel est le texte de l'art. 49 de la loi du 18 juillet 1837. Le principe de l'autorisation y est posé d'une façon fort explicite et tout à fait générale : il doit en effet s'appliquer quel que soit l'adversaire de la commune, aussi bien lorsqu'elle plaide contre un simple particulier que si elle a pour adversaire une autre commune (1). C'est ainsi que le décidait la Cour de cassation sous l'empire de la loi du 28 pluviôse an VIII (C. cass., 19 thermidor an VI, *commune d'Au* c. *comm. de Berg*), et la jurisprudence n'a pas varié après 1837 ; nous citerons seulement, parmi les nombreux arrêts du conseil d'État, ceux dont la date est plus récente (19 mai 1866, *commune d'Ascou* ; 31. janv 1865 , *comm. de Vesly*).

Cette formalité serait aussi nécessaire dans le cas d'un procès avec l'État. On a soutenu la négative, et l'on a objecté qu'en exigeant l'autorisation on mettait la commune à la disposition de l'État, son adversaire (Dalloz, v° COMMUNES, n°ˢ 1520, 1531) ; car le préfet, président du conseil de préfecture, est avant tout l'agent du gouvernement. Il est facile de voir combien ce motif manque de fondement ; car chacun sait qu'en fait, le préfet ne préside jamais le conseil de préfecture, qui n'a d'ailleurs aucune raison pour favoriser l'État. Enfin cette exception n'est écrite nulle part dans la loi ; il faut donc appliquer, en ce cas aussi, la règle générale (2).

(1) Chauveau Adolphe, *Code d'inst. adm.,* p. 214 (5° édit.), t. II ; Cormenin, *Droit adm.*, t. II, p. 150, note 1 (4° édit.).
(2) Voir dans ce sens : Chauveau Adolphe, *Code d'inst. adm.*, t. II, p. 179 (2° édit.) , Reverchon , p. 18 ; Cormenin, *Droit adm.*, t II.

C'est en effet ce qu'a constamment jugé le conseil d'État (24 oct. 1843, *communes de Mérial et de Roquefeuil*; 10 janv. 1845, *comm. de Mazabi*; 11 avr. 1848, *comm. de Coudans*; 15 janv. 1850, *comm. de Méhun-sur-Yèvre*; — commission faisant fonctions de conseil d'État, 3 juill. 1872, *ville de Grasse c. administ de l'enregistrement et des domaines*; 10 janv. 1874, *comm. de Pont-l'Abbé c. administ. des domaines*).

L'article 49 que nous avons cité dit que l'autorisation est nécessaire pour les actions à *intenter*: en est-il de même pour celles contre lesquelles on doit *défendre*?

Avant 1837, la législation avait varié sur ce point.

Sous l'empire de l'édit de 1683, les créanciers devaient être autorisés par écrit à agir contre les communautés, à peine de nullité de toute la procédure. Les lois des 14 décembre 1789 et 29 vendémiaire de l'an V établissaient un nouveau système : elles portaient que le conseil de la commune devait délibérer *même sur les procès à soutenir*, et que cette délibération devait être approuvée par le directoire du département. Les créanciers, dans ce système, pouvaient donc agir sans autorisation. L'arrêté des consuls du 19 vendémiaire an X rétablit, en partie du moins, le système de l'édit de 1683. Lorsqu'il s'agit d'une créance, les demandeurs doivent se faire autoriser par le conseil de préfecture. Quant aux actions réelles, possessoires ou

pétitoires, elles sont dispensées de cette obligation.
L'arrêté des consuls, de même que l'édit de 1683,
ne s'applique en effet qu'aux actions personnelles.
Cette différence s'explique d'ailleurs facilement :
le gouvernement, au moyen de l'inscription d'office, pouvait, comme il le peut encore, contraindre
la commune à faire droit à la demande du créancier,
tandis que la nature de l'action réelle ne se prête
pas à ce genre de satisfaction.

Un très-important avis interprétatif du conseil
d'État du 3 juillet 1806 a mis en lumière cette distinction, confirmée depuis par de nombreux arrêts
(21 mars 1809, *Robert* ; 23 févr. 1820, *Perdry* ;
12 mai 1820, *Diérès* ; ordonn. au contentieux du
21 avr. 1832, *Gentil*). La commune devait, du reste,
être autorisée à défendre aux réclamations dirigées
contre elle ; seulement, en matière personnelle,
l'initiative était prise par le créancier, qui demandait
d'abord l'autorisation. Néanmoins le conseil de préfecture ne statuait qu'après la délibération du conseil municipal, et, après avoir autorisé le créancier
à agir, autorisait ensuite la commune à se défendre.

Lorsque la Chambre des députés eut à s'occuper,
en 1833, de l'organisation communale, on remit de
nouveau sur le tapis la question de savoir si l'autorisation serait conservée pour le cas où la commune défendrait à l'action. La commission proposait de laisser aux communes toute liberté dans ce
cas, et de les astreindre à l'autorisation seulement
quand elles seraient demanderesses. De nombreux

orateurs (1) parlèrent en faveur de la suppression
de l'autorisation, faisant remarquer qu'on ne peut
empêcher un tiers d'intenter un procès, d'obtenir
un jugement. Le refus d'autorisation n'aurait pour
effet que d'empêcher la commune de se défendre,
et l'exposerait ainsi à une condamnation presque
infaillible, au lieu d'amener une décision contradictoire qui peut-être l'aurait favorisée. Ils auraient pu
ajouter qu'il y a toujours présomption que toute
demande est mal fondée jusqu'à preuve du contraire. Dans l'état normal, en effet, les personnes
morales ou autres ne sont pas débitrices les unes
des autres, et ne détiennent pas les biens qui ne
leur appartiennent pas. Il est donc naturel de
laisser la commune se présenter librement devant
les tribunaux lorsqu'elle est défenderesse. La présomption que nous invoquons ici est aussi celle qui
fait décharger le défendeur du fardeau de la preuve,
et dispenser l'étranger de la caution *judicatum
solvi*.

Quoi qu'il en soit, la Chambre accueillit favora-
blement un amendement présenté par M. Poulle, et
soumit les communes à la nécessité de l'autorisation, aussi bien au cas de demande qu'au cas de
défense.

Le projet de loi n'aboutit pas en 1833, et la loi fut
votée seulement en 1837; mais les dispositions dont

(1) Le rapporteur de la Commission à la Chambre des députés
était favorable à la liberté de la défense. C'est à l'initiative de
M. Poulle qu'est dû l'amendement étendant l'autorisation à ce cas.

nous venons de parler furent entièrement conservées.

Le principe de la nécessité de l'autorisation est
donc général, en ce sens qu'il s'applique aux actions
judiciaires de toute nature intentées ou soutenues
par les communes. L'autorisation est nécessaire
pour les actions réelles, comme pour les actions
personnelles ou mobilières. Nous aurons bientôt à
constater dans quelles limites.

Ce principe s'applique aussi d'une façon générale, quel que soit le tribunal judiciaire devant
lequel l'action doit être portée, qu'il s'agisse des
tribunaux ordinaires, c'est-à-dire des tribunaux de
première instance, des Cours d'appel ou des tribunaux exceptionnels, tels que les tribunaux de justice
de paix, les tribunaux de commerce (Cass., 19 pluv.
an VII, *commune de Verming* ; 12 frim. an XIV,
comm. de Famproux)(1). Il en est de même devant
les tribunaux criminels.

Cependant nous aurons à signaler, dans le chapitre suivant, certaines exceptions, et nous devons
immédiatement remarquer que les actions à porter
devant les tribunaux administratifs sont dispensées d'autorisation ; nous aurons à nous étendre
longuement sur cette exception.

_____

(1) Sorrigny, t. I, p. 412 ; Chauveau Adolphe et Tambour, *Code
d'inst. adm.*, liv. V, n° 1063 (5° édit.).

CHAPITRE II.

DANS QUELS CAS L'AUTORISATION EST NÉCESSAIRE; EXCEPTIONS.

SECTION PREMIÈRE.

CAS OU L'AUTORISATION EST NÉCESSAIRE.

§ I. *Procès en première instance.* — Nous venons de dire que le principe de l'autorisation est général, en ce sens qu'elle doit être donnée quel que soit le demandeur, qu'il s'agisse d'intenter une action ou qu'il s'agisse d'y défendre.

Nous devons rechercher maintenant à quelle espèce de demande en justice s'applique notre principe.

On peut diviser les demandes en justice en deux grandes catégories, suivant qu'elles ont pour but d'introduire, de commencer une action principale, ou bien au contraire de soulever des incidents, de discuter des questions accessoires qui viennent élucider ou compléter la demande principale. Les premières sont dites demandes introductives d'instance; les secondes, demandes incidentes (1).

---

(1) Remarque. — Cette qualification de « demande incidente » a, dans notre matière, un sens beaucoup plus restreint que dans le Code de procédure; elle s'applique aux demandes qui ne sont pas par leur nature, et en raison des circonstances dans lesquelles elles se produisent, introductives d'instance.

L'autorisation est nécessaire seulement pour les demandes introductives d'instance.

Ceci résulte formellement des termes de la loi de 1837. L'article 49 nous dit en effet : « Nulle commune ne peut *introduire* une action en justice sans être autorisée, etc. »

Cette disposition est d'ailleurs une conséquence naturelle de l'esprit dans lequel est conçu notre loi. C'est en effet pour les demandes introductives d'instance qu'il y a nécessité de protéger les communes, en les empêchant de commencer des procès dont le résultat pourrait leur être fatal. Presque toujours, au contraire, les demandes incidentes n'entraîneront pas des conséquences aussi graves, et il y aura même avantage pour les communes à les intenter dans le plus bref délai ; aussi la loi n'a-t-elle pas voulu en retarder l'exercice par la formalité de l'autorisation. C'est une application de cet autre principe, que nous invoquerons bien souvent, que l'autorisation est une mesure de protection établie en faveur des communes.

D'après ce que nous venons de dire, l'autorisation sera donc exigée pour toute demande introductive d'instance, qu'elle soit réelle ou personnelle (1), que la commune soit demanderesse ou défenderesse.

Chaque fois, au contraire, qu'il s'agira de poursuivre une action déjà intentée, de plaider sur des

(1) La Cour de cassation l'avait ainsi jugé bien avant la loi de 1837 (24 juill. 1835, *commune de Trélans* c. *Sineyre*).

incidents, etc., il ne sera pas nécessaire de demander l'autorisation. L'application de ces principes donne très-facilement la solution de la plupart des difficultés se présentant dans la pratique.

L'examen de quelques cas particuliers nous le montrera d'une façon plus saisissante encore.

Il est évident, tout d'abord, que l'autorisation n'est pas nécessaire pour plaider sur des incidents, lorsque l'action principale a été autorisée (C. cass., 2 juill. 1837 ; 11 janv. 1830 ; 7 janv. 1835 ; 13 nov. 1838 ; 23 juin 1840 ; 17 juin 1873, *commune de Draveil c. Bayvet* ; 25 juill. 1876, *comm. de Saint-Julien-de-Courcelles c. Brivet et autres*) ; de même aussi pour former une demande en reprise d'instance, en renvoi à un autre tribunal, en vérification d'écritures. Ces diverses demandes ne sont en effet que des suites naturelles de la demande principale et n'ont point un caractère introductif d'instance. Le conseil d'État a appliqué fort judicieusement le même principe à l'appel en garantie (cons. d'État, 12 oct. 1872, *commune de Coupray c. comm. de Cour-l'Evêque* ; Cass. 3 fév. 1874, *départ. de la Seine-Inférieure c. ville d'Elbeuf*). Nulle difficulté aussi pour décider qu'il n'y a pas besoin d'autorisation si la commune veut s'inscrire en faux incident, ou obtenir l'exécution d'un jugement passé en force de chose jugée (Cass. 29 févr. 1832 ; cons. d'État, 2 mai 1859), ou plaider sur l'interprétation d'un arrêt (C. de Lyon, 20 nov. 1855).

Mais certaines demandes présentent un caractère complexe qui rend plus difficile l'application
des règles que nous avons posées.

Dans le cas d'une demande en intervention par
exemple, il faudra distinguer si c'est la commune
qui intervient au procès, ou bien si c'est un tiers.
Dans le premier cas, l'autorisation sera évidemment nécessaire, car la demande de la commune
est introductive d'instance, du moins quant à elle,
et l'on pourra invoquer tous les motifs qui ont
fait établir la nécessité de l'autorisation (cons.
d'État, 8 juillet 1840, *commune de Vornay*) (1).
Mais s'il s'agit de l'intervention d'un tiers dans
un procès déjà commencé par une commune, l'autorisation n'aura pas raison d'être, car cet incident
ne modifie nullement le caractère de l'action intentée par les communes (2) (Cass. 12 déc. 1838,
commune de Perreux c. *comm. de Bains ;* 7 mai
1839, *comm. d'Ossun* c. *héritiers Féline*). La même
solution devra être appliquée à l'action en désaveu.

Une distinction analogue doit encore être faite en
ce qui touche la demande reconventionnelle. Cette
demande peut être en effet ou incidente ou introductive d'instance ; c'est ce qu'a établi avec cette
autorité et cette sûreté de jugement auxquelles
tant d'auteurs éminents ont rendu hommage le
savant professeur de la faculté de Poitiers M. Bon-

---

(1) Serrigny, t. I, p. 414 ; Reverchon, p. 19.
(2) C'est vis-à-vis de la commune qu'il faut considérer le caractère
introductif de l'instance.

cenne : « La demande reconventionnelle (1), dit-il, est incidente de sa nature lorsqu'elle naît des circonstances de l'action principale et lorsqu'elle peut servir d'exception ou de défense pour la repousser, l'anéantir ou la restreindre... Mais si la reconvention a sa source en dehors, si elle ne doit avoir aucune influence sur la discussion et le jugement de la demande principale, elle sera toute principale elle-même. »

Cette distinction si nettement précisée nous conduit, par application des principes posés plus haut, à décider que la demande reconventionnelle est dispensée d'autorisation lorsqu'elle a pour but de restreindre la demande principale, car elle n'est point alors introductive d'instance.

L'autorisation est au contraire nécessaire lorsque la demande reconventionnelle a sa source en dehors de la demande principale et qu'elle constitue une instance détachée du procès (Grenoble, 2 août 1832, *Jubié* c. *commune de Saint-Antoine* ; Cass. 13 nov. 1838, 17 mai 1839, 7 mars 1842) (2).

L'autorisation n'est pas nécessaire pour la demande en péremption d'instance, qui n'est qu'une suite naturelle de la demande principale, car l'autorisation accordée pour une demande en justice est considérée comme donnée pour tous les incidents qui peuvent se produire (Cour de Tou-

---

(1) *Théorie de la procédure*, t. II, p. 5.
(2) Foucart, *Droit administr.*, 4e édit., t. III, p. 528; Serrigny, t. I, p. 414.

louse, 19 déc. 1828; Cass. 26 mars 1834, *Pétiot c. comm. de Mions*; Cour de Poitiers, 8 juill. 1828, *Dupuy c. comm. de Savigné*; Toulouse, 19 déc. 1829, *comm. de Campan c. comm. d'Ancizan*; Cass. 17 juin 1873, *comm. de Draveil c. Bayvet*) (1).

Nous pensons qu'au contraire l'autorisation devrait être demandée par la commune pour former opposition ou tierce opposition à une condamnation par défaut, pour s'inscrire en faux principal, car ces demandes sont introductives d'instance (2).

Nous avons dit que l'autorisation est nécessaire même au cas où la commune est défenderesse, mais alors le législateur a dû concilier l'intérêt des communes et celui des particuliers; il a donc établi certaines règles spéciales que nous allons étudier.

Lorsqu'un particulier veut intenter une action contre une commune, il doit avertir préalablement l'administration en déposant à la préfecture un mémoire contenant les motifs de sa réclamation. Le préfet transmet ce mémoire au maire avec autorisation de convoquer immédiatemnt le conseil municipal pour en délibérer. La décision du conseil municipal est envoyée au conseil de préfecture, afin qu'il examine s'il y a lieu d'autoriser la commune à plaider.

La distinction établie avant 1837 entre les actions

---

(1) *Contra :* cons. d'État, 1er nov. 1837; Block, *Diction. d'admin.*, Vo ORGANISATION COMMUNALE, no 389.

(2) Serrigny, t. I, p. 414; Reverchon, p. 27.

réelles et personnelles n'a donc pas été conservée.
Le mémoire du demandeur n'a point pour but, en
effet, d'obtenir une autorisation, mais simplement
d'éclairer le conseil municipal dans sa délibération,
le conseil de préfecture dans sa décision, le préfet
dans son rôle de conciliateur.

« Quiconque, dit l'article 51 (loi de 1837) voudra
intenter une action contre une commune ou section
de commune sera tenu... de présenter un mémoire... »

Ces termes embrassent dans leur généralité tous
les demandeurs quels qu'ils soient, non-seulement
les particuliers, mais aussi les personnes morales,
les établissements publics, les communes, l'État
lui-même (1).

En ce qui concerne l'État, nous pensons, bien
qu'il y ait controverse sur ce point, que les termes
généraux de la loi de 1837 le comprennent aussi
lui (2). Pourquoi, en effet, ne tenterait-on pas avec
l'État le même essai de conciliation qu'avec les
particuliers ? Toutefois la régie de l'enregistrement
n'est pas tenue de remplir cette formalité pour
provoquer une expertise contre les communes en
cas de dissimulation de prix dans une vente, ou
plus-value d'un échange (loi du 22 frim. an VII).

Le demandeur est d'ailleurs dispensé du dépôt
préalable du mémoire lorsque la commune peut
défendre à l'action sans autorisation, par exemple

(1) En ce sens, Reverchon, p. 42.
(2) Voir Jèze, *Dict. d'administr.*, p. 421.

lorsqu'il s'agit d'une action possessoire (C. cass., 20 nov. 1871) ou en matière de référé (C. cass., 10 avr. 1872. Le mémoire n'est pas non plus nécessaire lorsque des contestations relatives à l'application d'un tarif d'octroi sont portées devant les tribunaux (C. cass., 9 févr. et 20 mai 1848).

Cette formalité est établie autant dans l'intérêt du demandeur que dans celui de la commune ; aussi la présentation du mémoire a-t-elle pour effet d'interrompre les prescriptions et toutes les déchéances (1. 18 juill. 1837, art. 51). Mais sert-elle de point de départ aux intérêts ?

La jurisprudence est fixée sur ce point, et la Cour de cassation s'est formellement prononcée pour la négative (C. cass., 23 déc. 1840, *commune de Remiremont*). Mais plusieurs auteurs, assimilant la présentation du mémoire à l'essai de conciliation, pensent qu'elle fait courir les intérêts et la restitution des fruits, pourvu qu'elle soit suivie d'une assignation en justice dans le mois à partir de l'expiration du délai après lequel l'action peut être intentée (1).

En ce qui concerne la nécessité de l'autorisation pour la commune au cas où elle est défenderesse, nous rechercherons toujours si la demande est ou n'est pas introductive d'instance. Il est évident, en effet, que si dans le cours d'une instance pour laquelle une commune défenderesse a été autorisée,

(1) Foucart, 4ᵉ édit., t. II, p. 328 ; Batbie, *Journal du droit administratif*, t. II, p. 402.

l'adversaire forme une demande entièrement nouvelle, l'examen du conseil de préfecture sera de
nouveau nécessaire ; il ne le sera pas au contraire
s'il s'agit seulement d'une demande d'indemnité.

On s'est demandé si l'autorisation du conseil de
préfecture devait être donnée aux communes dans
le cas de l'article 15 de la loi du 21 mai 1836, c'est-
à-dire lorsqu'il s'agit de plaider sur le règlement de
l'indemnité due aux propriétaires dépossédés par
suite de l'élargissement des chemins vicinaux.

Nous pensons que l'esprit et les termes mêmes
de la loi de 1837 n'exigent pas l'autorisation.

L'esprit de la loi..... C'est en effet pour empêcher les communes de refuser satisfaction à des
demandes équitables d'indemnité que la loi a établi
l'examen du conseil de préfecture. Or, dans le
cas présent, des conseils dans lesquels la loi a
quelque confiance, le conseil général, ou la commission départementale, ont déjà indirectement
examiné la question, et l'intervention du conseil
de préfecture serait sinon inutile, du moins su-
perflue.

Les termes mêmes de la loi..... Car c'est seulement pour les actions en justice, les procès, que
la loi de 1837 a exigé l'autorisation. Or il n'y a point
ici de procès, la question de propriété est tranchée
par le conseil général ou par la commission départe-
tementale. Il n'y a plus qu'une indemnité à régler,
et ce règlement ne constitue pas un procès.

Il est vrai qu'un avis du conseil d'État du 17 mars

1840 s'est prononcé dans le sens contraire à l'opinion que nous adoptons ; mais il est bon de remarquer que cet avis, malgré son autorité doctrinale
considérable, n'a jamais été formellement confirmé par la jurisprudence du conseil d'État. Il est
d'ailleurs antérieur à la loi du 3 mai 1841, et c'est
seulement à partir de cette loi que l'on s'est ha-
bitué à voir dans le juge de paix réglant les indemnités, conformément à l'article 15 de la loi du 21 mai
1836, non pas un juge, mais un véritable juré,
comme ceux que la loi de 1841 établissait. Nous
pensons donc que, du moment que l'autorisation
n'est pas exigée en matière d'expropriation, il doit
en être de même au cas de l'article 15 de la loi du
21 mai 1836, les deux cas étant tout à fait iden-
tiques (1).

§ II. *Procès en appel et en cassation.* — Sous
l'empire de l'édit de 1764 (art. 44), la commune avait
besoin d'une nouvelle autorisation pour appeler des
procès qu'elle avait perdus ; mais elle pouvait se
défendre sans nouvelle autorisation lorsqu'elle avait

(1) Cette solution est approuvée dans un article du *Journal des
communes* (année 1841, p. 332) critiquant l'avis susmentionné du
conseil d'État. Elle semble aussi obtenir les préférences de M. Chauveau Adolphe, *Code d'instr. adm.*, t. III, p. 181, 2ᵉ édit.
D'ailleurs, le conseil d'État n'a jamais explicitement adopté l'opinion contraire, et, dans toutes les décisions qu'on pourrait nous
opposer, se trouvent mêlées des questions accessoires, par exemple
des questions de dommages nécessitant l'autorisation (9 juill. 1846,
26 nov. 1850, 25 juill. 1860, 21 déc. 1863). Enfin, si l'instruction générale sur les chemins vicinaux de 1855 est contraire à notre système,
celle de 1870 a bien soin de ne rien préjuger sur cette question
(chap. V, art. 23)

gagné. De nombreuses difficultés s'étaient cependant élevées sur ce point avant la promulgation de
la loi de 1837. Plusieurs cours d'appel pensaient
que l'autorisation une fois accordée l'était pour
tous les degrés de juridiction ; mais la Cour de
Paris et la Cour de cassation appliquaient toujours
la doctrine de l'édit de 1764 (C. cass., 2 mars 1815,
23 juin 1835, 26 févr. 1838, 4 mars 1840, 5 juill.
1847) (1). Le conseil d'État était aussi favorable à
cette doctrine (cons. d'État, 13 avr. 1842, 7 août
1843).

La loi du 18 juillet 1837 a maintenu la règle de
l'édit de 1764, en décidant, dans son article 18,
qu'après tout jugement intervenu la commune ne
peut se pourvoir devant un autre degré de juridiction qu'en vertu d'une nouvelle autorisation. Mais
il faut bien remarquer que l'autorisation n'est pas
nécessaire lorsque la commune est défenderesse à
l'appel. Dans ce cas, en effet, elle ne se pour-
voit pas, elle ne fait que se défendre. Puisqu'elle
a eu gain de cause en première instance, on
peut dire que l'autorisation a été justement accordée la première fois, et on ne saurait la refuser
maintenant ; elle a été donnée lorsque le succès
était peut-être incertain, à plus forte raison le
serait-elle maintenant qu'une présomption très-
grave s'élève en sa faveur. Il n'y a donc pas lieu

(1) Cette doctrine était repoussée par M. de Cormenin, qui blâme
également la disposition écrite à ce sujet dans la loi de 1837 (Cormenin, *Droit administratif*, t. II, p. 136, note).

de soumettre la commune à une formalité tout
à fait inutile (C. cass., 23 juin 1835, *Gaumain
c. commune d'Appeville* ; 4 mai 1840, *de Gastine
c. comm. de Tiérée;* Grenoble, 18 juill. 1838, *Du-
palais-Gueymard* c. *ville de Valence;* Douai, 12 mai
1847, *Dufour* c. *Barclaire;* 7 mars 1855, *comm.
de Blaindevache ;* cons. d'État, 30 juin 1861, *fabrique de Frasseto*) (1).

Mais lorsque la commune est demanderesse, l'autorisation doit être demandée (cons. d'État, 3 juill.
1872, *commune de Saint-Martin-sur-la-Chambre
c. Joseph André ;* 19 juill. 1872, *comm. de Brignon
c. Foucart*).

Cette disposition est des plus sages ; les débats
et le jugement de première instance ont pu, en
effet, jeter sur la cause des lumières dont profitera
le conseil de préfecture ; le jugement peut même
modifier l'opinion du conseil municipal. Il importe
qu'il soit de nouveau consulté, ainsi que le conseil
de préfecture (cons. d'État, 3 oct. 1866, *commune de
Villemagne;* 29 juill. 1873, *comm. de Sanxillanges*).
D'ailleurs, lorsque la commune est demanderesse
en appel, elle fait un acte encore plus grave que
lorsqu'elle introduit une action en justice, puisqu'il
y a déjà présomption que sa demande est mal
fondée ; l'autorisation doit donc être *a fortiori*
exigée, d'après les principes de la loi de 1837. Du
reste, la nécessité de l'autorisation lorsque la com-

(1) Foucart, 4ᵉ édit., t. III, p. 534; Serrigny, t. I, p. 405.

mune est demanderesse en appel est générale, et
s'applique lors même qu'il s'agit de l'appel d'une
sentence arbitrale (Comm. prov. faisant fonctions
de cons. d'État, 15 nov. 1871, *commune d'Alleins*).

Remarquons que l'autorisation doit être refusée
au cas où le jugement dont la commune veut appeler ne lui cause aucun préjudice (cons. d'État,
3 juill. 1869, *commune de Draveil*).

La commune devra-t-elle être autorisée pour
intenter appel incident ?

Nous pensons qu'il faut répondre à cette question
par une distinction : si l'objet de l'appel incident
rentre directement dans la contestation sur laquelle
porte l'appel principal, l'autorisation n'est évidemment pas nécessaire ; elle sera au contraire exigée
si l'objet de l'appel incident diffère de celui de
l'appel principal. La jurisprudence semble d'ailleurs corroborer cette opinion, car de nombreux
arrêts exigent l'autorisation (C. cass., 7 juill. 1816 ;
C. cass., 1er mars 1848, *commune de Saint-Germain* c. *Gaydon* ; Colmar, *Levylier* c. *comm. de
Moltkirch]* ; d'autres, au contraire, en proclament
l'inutilité (C. cass., 12 déc. 1853, *commune des
Adrets* c. *comm. de Monteynard* ; 24 déc. 1855,
com. de Vaux-en-Velay c. *com. de Desine-Char-
pien* ; 2 juill. 1862, *comm. de Bareilles* c. *comm.
d'Uzès* ; 1er août 1867, *comm. d'Osseja]*. On pourrait peut-être nous objecter que, l'appel incident
pouvant être interjeté à la barre sans formalité,
cette faculté est inconciliable avec la nécessité de

l'autorisation. Mais nous répondrons qu'au contraire il est facile de concilier ces deux dispositions, puisque la loi permet au maire de faire sans autorisation les actes conservatoires, sauf à requérir plus tard cette formalité; or l'appel incident est un acte conservatoire au dernier degré (1).

Il est d'ailleurs évident que la commune peut plaider sans autorisation sur l'appel d'une affaire pour laquelle l'autorisation n'était pas exigée pour le premier degré de juridiction (Nîmes, 7 mai 1841, *fabrique de Saint-Siffrein* c. *ville de Carpentras)*; en particulier pour l'appel de la décision rendue par un juge de paix (cons. d'État, 27 janv. 1866, *commune de Mollettes*; 30 nov. 1868, *ville de Bourges)*.

Pourvoi en cassation. — La loi de 1837 ne parle pas du pourvoi en cassation; aussi s'est-on demandé si l'autorisation était nécessaire dans ce cas.

Avant 1837, la question était généralement résolue par la négative : l'édit de 1764 n'exigeait pas en effet l'autorisation pour le pourvoi devant le conseil des parties, section du conseil du roi qui représentait alors la Cour de cassation. On en avait induit que l'autorisation n'était pas non plus nécessaire devant cette Cour; d'ailleurs cela était assez naturel, puisqu'on suivait encore, pour la procédure devant la Cour de cassation, le règlement du con-

---

(1) Cette doctrine semble être celle de M. Reverchon, p. 35 ; mais elle est repoussée par M. Foucart, 4ᵉ édit., t. III, p. 532, qui pense que l'autorisation est toujours nécessaire.

seil des parties, œuvre de d'Aguesseau, et remon-
tant à 1738. La jurisprudence, en l'absence de tout
texte législatif, s'était donc prononcée contre la nécessité de l'autorisation (C. cass., 1er floréal an IX ;
4 fructidor an XI ; 12 sept. 1809 ; 28 janv. 1824 ;
cons. d'État, 1er nov. 1826, *commune d'Istres*).

La seule disposition que la loi de 1837 contienne
à ce sujet est celle de l'article 49 qui exige une
nouvelle autorisation pour *chaque degré* de juridiction. Les principes de notre droit, qui ne considère pas la Cour de cassation comme un degré
de juridiction, et le silence de la loi de 1837 dans
ses autres parties, sembleraient faire croire que le
système de 1704 a été consacré par notre législation actuelle. C'est en effet ce qui a été décidé par
un arrêté du conseil de préfecture de la Lozère,
rapporté par la *Gazette des tribunaux* du 15 mars
1843, par le *Bulletin de la presse* du 10 mars 1843,
et approuvé par les rédacteurs de ces journaux.
Cette opinion est d'ailleurs celle de quelques auteurs (1).

Mais le système opposé nous semble plus conforme à l'esprit de la loi, et n'est point d'ailleurs
contraire à son texte. La loi de 1837 n'est pas en
effet une loi de procédure réglant les juridictions.
Il ne faut donc pas s'attacher à la signification rigoureuse des termes dont elle se sert, mais bien plutôt

(1) Laferrière, *Droit publ. et adm.*, t. II, p. 608 ; Cormenin, t I,
p 403, note 3, 5e édit ; Duvergier, *Journal des conseillers municipaux*, t II, p. 168.

aux motifs généraux qui ont dicté ses dispositions. Si la Cour de cassation n'est pas un degré de juridiction, il n'en est pas moins vrai que le pourvoi devant elle entraîne des frais aussi et plus coûteux même que la procédure devant les tribunaux civils et devant les Cours d'appel. Il y a donc, on le voit, les mêmes motifs d'exiger l'autorisation. D'ailleurs, s'il subsistait un doute sur ce point, la discussion qui eut lieu à la Chambre à ce sujet suffirait pour le faire disparaître.

Le projet de loi présenté en 1833 contenait dans son article 26 la disposition suivante : « Si la commune ou section de commune succombe devant l'autorité judiciaire, elle ne peut, à peine de nullité, se pourvoir soit en appel, *soit en cassation* qu'en vertu d'une nouvelle délibération du conseil municipal, laquelle sera exécutoire de plein droit ». Un amendement fut proposé et l'on demanda d'ajouter les mots « et d'une nouvelle autorisation du conseil de préfecture ». Le projet présenté l'année suivante par le gouvernement contenait une disposition analogue, mais dont les termes sont moins précis : « Nulle commune ou section de commune ne peut ester en justice sans autorisation préalable du conseil de préfecture et spéciale pour chaque degré de juridiction. »

Mais l'esprit de la loi est nettement caractérisé par la discussion qui s'éleva le 11 mars 1834 à la Chambre des députés, et par les explications très-nettes données par M. Persil, rapporteur.

Les termes mêmes de cette discussion prouveront ce que nous avançons :

M. le Président. — Ainsi il y a deux degrés de juridiction pour lesquels il faut une autorisation préalable, puis le *recours en cassation*, « pour lequel il faut également une autorisation ».

M. Persil, rapporteur. — Pour chaque degré de juridiction, c'est une *expression générale* qui « comprend même le recours en cassation ».

M. Taillandier. — Jusqu'à présent on n'avait pas besoin d'une autorisation pour se pourvoir en cassation, c'est une innovation.

M. le rapporteur. — Le pourvoi en cassation est une chose fort grave ; cela peut entraîner des frais considérables. Il y a donc intérêt à obtenir l'autorisation pour le pourvoi en cassation comme pour l'appel.

M. Teste. — Cela est d'autant plus vrai qu'il y a une amende imposée en cas de rejet d'un pourvoi.

M. le Président. - Ainsi il est entendu, dans la proposition de la Commission, que c'est une *autorisation spéciale* qu'il faut dans chacun des degrés, et même pour le *pourvoi en cassation*.

Il n'est plus permis, après ces explications si catégoriques, de douter de l'intention du législateur de 1837. Aussi un revirement se produisit-il dans la jurisprudence aussitôt après la promulgation de la loi de 1837, et l'autorisation fut-elle toujours exigée pour le pourvoi en cassation (cons. d'État, 4 sept. 1840, 28 janv. 1841, 26 nov. 1841, 30 déc.

1843, 19 juill. 1846, 10 mars 1848, 31 déc. 1851; 11 juill. 1857, *commune de Doullens*; 2 mars 1861, *comm. de Saint-Lary*; 4 févr. 1863, *comm. de Fry*; 6 janv. 1866, *comm. de Boissette*; 10 déc. 1868, *comm. de Garne*; — C. cass., 15 mars 1860, 13 août 1861, *comm. de Bulan*; 27 novembre 1872, *Carly c. comm. de Quarré-les-Tombes*) (1). Une commune n'aurait pas besoin d'une nouvelle autorisation pour défendre à un pourvoi en cassation contre un arrêt qui lui serait favorable. Dans ce cas, en effet, elle ne commence pas un nouveau procès, elle suit une action déjà intentée.

Mais la commune doit être autorisée à se désister (2) lorsqu'elle compromet ainsi le fond de son droit, ceci résulte des principes qui ont inspiré le législateur de 1837 (C. cass., 5 mars 1845); mais lorsque, sans toucher le fond du droit, le désistement constitue seulement un acte d'administration, nous pensons qu'il ne doit pas être soumis à l'autorisation. Du reste, dans la pratique, le conseil d'État considère comme suffisant le désistement formé par le maire habilité par une délibération du conseil municipal.

Nous aurons à examiner plus tard qui doit, en ce cas, donner l'autorisation.

(1) La plupart des auteurs se sont aussi prononcés en ce sens : Reverchon, p. 35; Serrigny, t. I, p. 409; Foucart, 4e édit., p. 532; Chauveau Adolphe et Tambour, 5e édit., t. II, p. 220; Braff, *Adm. commun.*, t. II, p. 631; Ducrocq, 5e édit., t. II, p. 563; Dufour, t. III, p. 532; *Journal des communes* (ann. 1839), p. 175.

(2) Cormenin, t. II, p. 141, note 1 *in fine*; Cour de cassation, 28 janv. 1835.

Quant à l'acquiescement, il exige une autorisation expresse, alors même que la commune a déjà été autorisée à plaider, ou que l'autorisation lui a été refusée (Dijon, 17 nov. 1847, *commune de Lux* c. *Joly* : — Serrigny, t. I, p. 433) (1). L'autorisation de plaider intervenue postérieurement à l'acquiescement ne pourrait le valider (C. cass., 11 janv. 1809, *commune de Toulouse c. comm. de Colonne*).

La commune ne peut, sans une nouvelle autorisation, se pourvoir par requête civile ; dans ce cas, en effet, un nouveau procès commence (cons. d'État, 13 janv. 1851). Mais une nouvelle autorisation n'est pas nécessaire lorsqu'il s'agit seulement de défendre à la requête civile dirigée contre un jugement rendu après autorisation (C. cass., 25 nov. 1828, *commune de Chazelot c. comm. de Rougemont*). On pourrait faire valoir ici les mêmes motifs que nous avons exposés en cas de défense à l'appel (2).

§ III. *Procès criminels et correctionnels.* — Les communes peuvent figurer devant les tribunaux criminels lorsqu'elles poursuivent la réparation de délits qui leur ont occasionné des dommages, ou lorsqu'elles se constituent partie civile dans des procès intentés par le ministère public. Elles peuvent encore se présenter devant ces tribunaux

(1) Cette question est controversée. Contra : Aix, 19 juill. 1849, *commune de Bonconville c. comm. d'Autry.*

(2) Contra : Reverchon, p. 48.

comme défenderesses et comme responsables, suivant le droit commun, ou d'après des lois spéciales comme celle du 10 vendémiaire an IV.

Avant la loi de 1837, l'autorisation n'était pas nécessaire (C. cass., 3 août 1820, *Garbe c. commune de Brimeux;* Grenoble, 2 avr. 1824, *Bertrand c. Durand*).

Mais aujourd'hui l'autorisation est toujours exigée, le texte et l'esprit de la loi du 18 juillet 1837 ne laissent point de doute à cet égard.

Le texte de la loi..... L'article 49 nous dit, en effet, que l'autorisation est nécessaire pour intenter toute action en justice. Cette rédaction comprend dans ses termes généraux les actions criminelles, qui sont bien des actions en justice.

L'esprit de la loi.... La protection que le législateur a voulu accorder aux communes dans les actions civiles est, en effet, bien plus nécessaire encore dans les actions criminelles. La concussion, la corruption des agents communaux peuvent, en effet, entraîner les conséquences les plus graves pour les communes.

Aussi la jurisprudence et les auteurs sont-ils unanimes sur ce point (1) (Metz, 7 juin 1858; Douai, 10 juill. 1860; cons. d'État, 23 nov. 1863, *commune de Serraggio*).

C'est en vertu de ces principes que nous exigeons l'autorisation pour les communes attaquées en res-

---

(1) Foucart, 4e édit., t. III, p. 528; Reverchon, p. 56; Ducrocq, 5e édit., t. II, p. 563; Serrigny, t. I, p. 443.

ponsabilité, conformément à la loi du 10 vendémiaire de l'an IV. La jurisprudence de la Cour de
cassation semble, au contraire, voir dans la loi du
10 vendémiaire an IV même une dispense des formalités de l'autorisation (C. cass., 23 févr. 1875,
ville de Lyon c. *Rousseau* ; 27 avr. 1875 ; 27 juill.
1875, *ville de Marseille* c. *Jocas et autres*). Selon la
même jurisprudence, les statuts coloniaux dispen-
seraient de l'autorisation les communes de la Martinique (ch. civ., 1ᵉʳ déc. 1875, *communes de la
Rivière-Pilote et de la Rivière-Salée* c. *Garnier,
La Roche et autres*, et divers arrêts du même jour
relatifs à d'autres communes de la Martinique).
Nous persistons néanmoins à croire que les termes
généraux de la loi de 1837 (bien postérieure d'ailleurs à la loi de vendémiaire an IV et aux statuts
coloniaux) nécessitent l'autorisation (1).

Mais si la commune est poursuivie avec les auteurs d'un fait coupable, seulement à raison de la
garantie solidaire établie contre elle par des lois
spéciales, nous pensons qu'il n'y a pas besoin d'autorisation, du moins quand la poursuite est exercée
par le ministère public ou l'administration (C. cass.,
2 oct. 1847). Dans tous les cas, d'ailleurs, le dépôt
du mémoire est exigé de la part de l'adversaire,

(1) Cette opinion est celle de M. Reverchon, p. 43, et de M. Chauveau Adolphe, t. II, p. 212, 5ᵉ édit. — M. Ducrocq, tout en remarquant
la jurisprudence de la Cour de cassation, ne se range cependant pas
formellement à son avis, t. II, 5ᵉ édit., nᵒ 1482. MM. Dalloz, t. X,
nᵒ 1552 ; Jèze, p. 421, et Sérigny, t. I, nᵒ 415, sont contraires à cette
doctrine.

7

sauf toutefois en ce qui concerne le ministère public (1).

Cependant l'autorisation sera toujours nécessaire lorsqu'un particulier voudra exercer l'action de la commune, conformément à l'article 9 § 3 de la loi de 1837 (C. de Rennes, 29 mai 1839, *commune de Paimpont ;* C. cass., 2 mars 1875, *Feuillat et autres c. Gaillard et ville de Lyon*).

L'autorisation est aussi nécessaire en matière correctionnelle (cons. d'État, 23 nov. 1863, *commune de Serraggio*) ; mais il y a exception lorsque l'action est dirigée par le ministère public contre la commune, et que cette action tend à la faire condamner à une amende, c'est-à-dire à une véritable peine. Il en est de même lorsqu'il s'agit d'exercer des poursuites à fin civile devant la juridiction correctionnelle (cons. d'État, 2 oct. 1852).

On s'est longtemps demandé si l'autorisation du conseil de préfecture était suffisante pour attaquer un fonctionnaire protégé par l'article 75 de la Constitution de l'an VIII, lorsque cette disposition était en vigueur.

Nous pensons que, sous l'empire de cette législation, la commune devait d'abord être autorisée par le conseil de préfecture, puis, ainsi habilitée à plaider, demander au conseil d'État l'autorisation de poursuivre le fonctionnaire. Cette doctrine a été nettement formulée dans un arrêt du conseil d'État

(1) Foucart, t. III, 4ᵉ édit., p. 541.

du 19 juillet 1837. Plusieurs autres arrêts sont intervenus dans ce sens : nous citerons notamment un arrêt rendu le 3 février 1872 par la commission provisoire faisant fonctions de conseil d'État. Le conseil de préfecture, saisi d'une demande en autorisation pour intenter une action contre un maire à l'occasion de faits antérieurs à 1870, s'était déclaré incompétent, se fondant sur l'article 75 de la Constitution de l'an VIII. Le conseil d'État a cassé cet arrêté, faisant remarquer que le conseil de préfecture avait été saisi seulement d'une demande en autorisation de plaider, et non d'une demande en autorisation de poursuites, et que par conséquent il devait en connaître (3 févr. 1872, *Picard c. maire de Villers-Bocage*).

Le décret du 19 sept. 1870, abrogeant l'article 75 de la Constitution de l'an VIII, a enlevé tout l'intérêt qui s'attachait à cette question.

Nous venons d'exposer dans quels cas s'appliquait le principe de l'autorisation ; mais nous avons dû remarquer que l'esprit même de la loi de 1837 apportait des restrictions à ces applications générales. Nous allons maintenant étudier les cas où l'autorisation n'est pas nécessaire.

SECTION II.

DES CAS OU L'AUTORISATION N'EST PAS NÉCESSAIRE.

Certaines actions ont été dispensées de l'autorisation soit à cause de leur nature, soit en raison de la juridiction devant laquelle on doit les porter. Dans le premier groupe nous rangeons les actions possessoires et celles exercées à titre conservatoire, les actions relatives aux recettes municipales, les demandes en référé ; dans le second, les actions portées devant le jury d'expropriation et devant les juridictions administratives.

§ I. *Actes conservatoires et actions possessoires.* — Avant 1837, l'autorisation était requise pour les actions possessoires comme pour les autres. Divers arrêts de la Cour de cassation l'avaient ainsi jugé (25 juill. 1825 ; 16 avr. 1837 ; arr. du conseil, 31 déc. 1831 ; 2 juill. 1836 ; 2 oct. 1837). Mais l'article 55 de la loi de 1837 est formel : « Le maire peut toutefois, sans autorisation préalable, intenter toute action possessoire, ou y défendre, et faire tous autres actes conservatoires ou interruptifs de déchéance. »

Cet article, contient deux parties entièrement différentes : l'une se rapportant aux actions possessoires, l'autre aux actes conservatoires. En ce qui concerne les actes conservatoires, le maire est dispensé d'autorisation préalable ; mais il ne peut ensuite continuer l'instance sans être autorisé. Cette disposition est des plus sages : les actes conservatoires ont besoin, en effet, d'être accomplis avec la plus grande rapidité ; il eût été préjudiciable à la commune de les soumettre à l'autorisation. D'ailleurs, en exigeant ensuite l'examen du conseil de préfecture, on prévient tout danger, puisque ces actes ne pourront avoir aucune conséquence si la commune n'est pas autorisée à plaider.

Ce droit s'étend du reste à l'appel, car, dans ce cas aussi, la célérité est des plus nécessaires, et les frais sont d'ailleurs peu considérables. Il en est de même du recours en cassation, bien que cette faculté puisse parfois se concilier alors difficilement avec la nécessité de l'autorisation. En effet, si la commune n'a pas été autorisée par le conseil de préfecture à former le pourvoi, il faudra attendre la décision du conseil d'État, qui ne pourra intervenir dans les trois mois après lesquels le pourvoi en cassation ne peut plus être introduit. Le maire devra donc, à titre conservatoire, former ce pourvoi. Mais le conseil d'État se trouvera, dans ce cas, presque forcé de donner l'autorisation. S'il la refuse, en effet, la commune perdra l'amende qu'elle a dû consigner pour se pourvoir devant la Cour de cassation, ainsi que les honoraires de l'avocat qu'elle aura constitué. Malgré ces motifs puissants, le conseil d'État a maintenu le principe, et a constamment refusé l'autorisation lorsqu'il y avait lieu de le faire (26 nov. 1841 ; 30 nov. 1841 ; 9 juill. 1846 ; 31 déc. 1851 ; 13 août 1861 ; 6 janv. 1866 ; 21 déc. 1868).

Mais les actions possessoires sont au contraire dispensées de toute espèce d'autorisation. La rapidité avec laquelle on doit les intenter, puisque presque toujours elles reposent sur des faits dont la preuve est fugitive, a décidé le législateur à les

dispenser de toute entrave et à en permettre l'exécution immédiate.

Cependant, et malgré les termes précis de l'article 55, on a assimilé ces actions aux actes conservatoires, et l'on a soutenu que l'autorisation n'en
devait pas moins être demandée au cours de l'instance. La loi, a-t-on dit, a seulement voulu permettre au maire d'intenter l'action à titre provisoire ;
elle n'a pas voulu priver ensuite la commune de la
protection dont elle a besoin, et elle a, en conséquence, conservé la nécessité de l'autorisation au
cours de l'instance ; on invoquait la jurisprudence
antérieure à 1837, et on disait que la loi n'avait
rien changé à l'état de choses existant précédemment.

Indépendamment des termes précis de l'article 55, qui sont absolument contraires à cette opinion, il est très-facile de répondre à chacun des
arguments qui y sont fournis et de les détruire.

Et d'abord, quelle serait la raison d'être de l'article 55 s'il avait seulement pour but de donner
au maire le droit d'intenter l'action à titre conservatoire ? N'a-t-il pas déjà ce droit, et ne peut-il
pas intenter toute action à ce titre ? D'ailleurs les
discussions auxquelles donna lieu l'article 55 à la
Chambre des députés prouvent d'une façon très-
claire quelle a été l'intention du législateur. M Caumartin présenta un amendement établissant que
le maire n'agissait ici qu'à titre préparatoire ; il
insistait d'ailleurs sur la nécessité de l'autorisa-

tion postérieure. M. Teste lui répondit que l'autorisation, bien loin d'être favorable à la commune, lui nuirait presque toujours, car les preuves des actions possessoires sont fugitives, et le moindre délai peut les faire disparaître. On ajoutait, de plus, qu'il faudrait prévoir par qui seraient supportés les frais faits par le maire si l'autorisation était refusée. Le rejet de l'amendement de M. Caumartin prouve bien quelle a été la pensée du législateur. Quant à l'argument tiré des décisions antérieures à 1837, nous dirons seulement qu'à partir de la promulgation de la loi du 18 juillet, la jurisprudence a entièrement changé et s'est constamment prononcée depuis contre la nécessité de l'autorisation. (C. cass., 2 févr. 1842 ; 29 févr. 1848, *commune de Thil c. comm. d'Isnage* ; 28 déc. 1863, *comm. de Rognes c. Sermet de Tournefort* ; trib. de Melun, 30 juin 1853, *Boscaris c. comm. de Férolle-Atteles* ; cons. d'État, 24 juill. 1845, *comm. de Plumartin* ; 14 juill. 1847, *comm. de Lissieure* ; 17 nov. 1865, *comm. de Courçon-d'Aunis* ; 5 nov. 1867, *comm. de Busigny-Saint-Maclou* ; 30 novembre 1868, *Bourges*). Tous les auteurs admettent d'ailleurs cette opinion (1).

Cette dispense doit, du reste, être étendue au cas d'appel du jugement rendu par le juge de paix. L'article 55 de la loi est en effet général, et rien n'indique que son application soit restreinte au

___

(1) Foucart, 4e édit., t. III, p. 533 ; Ducrocq, t. II, 5e édit., p. 563 ; Reverchon, p. 69 ; Serrigny, t. I, p. 435 ; Braff, t. II, p. 633 ; — contra : *Journal des conseillers municipaux*, 373e consultation, t. V, p. 359.

premier degré. Il est vrai qu'une décision du ministre de l'intérieur en date du 18 juillet 1840 s'est prononcée dans un sens contraire à celui que nous adoptons, mais M. le ministre est lui-même revenu sur sa décision en 1857, pour adopter l'avis que nous soutenons et que la jurisprudence a toujours suivi.

En est-il de même pour le recours en cassation ? Un avis du conseil d'État du 18 déc. 1848 s'était prononcé pour la négative; mais, dès 1850 (1), ce tribunal revenait sur sa décision et proclamait l'inutilité de l'autorisation pour le pourvoi en cassation. Les commentateurs s'étaient efforcés de trouver dans cet arrêt des dispositions contradictoires, et ne voulaient point y voir une jurisprudence nouvelle, mais le conseil d'État a affirmé de nouveau cette opinion par une décision fortement motivée en date du 30 novembre 1868 (*ville de Bourges*) : « Les communes, y est-il dit, avaient avant 1837 la libre faculté du recours en cassation, pour les actions possessoires comme pour les actions pétitoires; la loi de 1837 a bien modifié cet état de choses pour les actions pétitoires, mais rien n'indique qu'elle ait voulu le faire pour les actions possessoires. » Nous ajouterons d'ailleurs que les mêmes raisons qui ont fait dispenser les actions possessoires d'autorisation en première instance

(1) Commune de Caunes.

peuvent encore être invoquées au sujet du pourvoi en cassation (1).

La demande en référé est aussi dispensée d'autorisation; ce n'est point en effet, à proprement parler, une demande en justice (C. de Paris, 27 juin 1868, *Roy c. maire de Neuilly;* 17 nov. 1868, *Hugony c. fabrique de Saint-Ferdinand-des-Ternes*).

§ II. *Recettes municipales.* — C'est aussi à cause de la nature particulière de ces actions que l'autorisation n'est pas nécessaire aux communes pour défendre aux oppositions formées contre le recouvrement de certaines recettes municipales. L'article 63 de la loi de 1837 a établi cette exception en termes exprès, et a, en même temps, défini à quelle espèce de recettes elle s'appliquait.

Les recettes municipales visées par l'article 63 sont celles pour lesquelles les lois et règlements n'ont pas prescrit un mode de recouvrement spécial, et qui s'effectuent sur des états dressés par le maire et rendus exécutoires par le sous-préfet (2). Le débiteur est admis à former opposition, et les tribunaux prononcent comme en matière sommaire.

Le législateur a pensé que, ces recettes ne pouvant s'effectuer dans la forme rapide adoptée pour les contributions directes, il fallait soustraire la

---

(1) Contra : Reverchon, p. 70; Foucart, 4e édit., t. III, p. 533; Ducrocq, 5e édit., t. II, p. 563.

(2) Ces recettes portent, par exemple, sur le prix d'une vente mobilière, d'une location, etc

commune aux lenteurs d'un procès offrant souvent plus de chances de perte que de gain. De plus, en soumettant les rôles au visa du sous-préfet, on supplée en quelque sorte à l'examen du conseil de préfecture (1).

C'est donc pour exercer la poursuite contre le débiteur qu'il y a dispense d'autorisation, et pour défendre à l'opposition s'il juge à propos d'y recourir.

Dans le cas où le débiteur usera de ce droit, et où le tribunal déclarerait fondée son opposition, nous pensons que la commune pourrait faire appel sans autorisation ; car l'appel n'est en réalité ici qu'une sorte d'incident de poursuite : la commune, étant dispensée de l'autorisation pour l'action, doit aussi l'être pour l'incident. D'ailleurs on reste toujours dans l'esprit de la loi de 1837, car les frais en matière sommaire sont toujours peu importants, et, si la poursuite a été considérée comme urgente, et à ce titre dispensée d'autorisation, il en est de même *a fortiori* de l'appel (cons. d'État, 3 août 1872, *commune de Longwy* c. *héritiers Troly*).

§ III. *Poursuites à fin de saisie.* Les communes peuvent provoquer contre leurs débiteurs des poursuites à fin de saisie. Il est évident que, dans ce cas, elles n'auront pas besoin d'autorisation. La commune qui veut obtenir une saisie ne demande pas en effet à plaider, mais bien à pour-

(1) Rapport de M. Vivien sur le projet de loi de 1837.

suivre ; il n'y a donc pas lieu d'appliquer les articles 49 et 54 de la loi de 1837, qui exigent l'autorisation pour plaider. Mais si le débiteur fait
opposition à la saisie, alors une véritable action en
justice s'engagera, et, conformément au principe,
l'autorisation devra être exigée.

Le débiteur sera-t-il tenu de déposer préalablement un mémoire ? Nous nous demanderons encore
ici si l'action est ou n'est pas introductive d'instance
à son égard, si elle constitue un moyen de défense ou une véritable action nouvelle contestant
le droit même de la commune. Dans le premier
cas, le dépôt du mémoire ne sera pas nécessaire ;
il le sera au contraire dans le second (1).

§ IV. *Expropriation pour cause d'utilité publique.* — Il résulte implicitement de la loi de 1837
que l'autorisation n'est pas exigée lorsque la commune doit se présenter devant le jury d'expropriation, car le tribunal, agissant en vertu de l'article 30
de la loi du 3 mai 1841, fait en réalité un acte
administratif. La loi de 1837 pose, il est vrai,
comme règle la nécessité de l'autorisation, mais
toutes les exceptions qu'elle a établies ont surtout
pour motifs la célérité de la procédure et la modi-
cité des frais. Or, en matière d'expropriation, les
frais sont des plus réduits, et la procédure est très-
rapide ; on pourrait ajouter aussi que l'intérêt de

---

(1) Voir en ce sens Block, v° ORGANIS. COMM., p. 139) ; Chauveau
Adolphe et Tambour, t. II, p. 225, 5° édit.

la commune est minime, puisqu'en réalité l'intervention du maire se borne à présenter des observations, la vente étant forcée. La loi de 1837 n'avait pas prévu ce cas, mais son esprit est, nous le voyons, très-favorable à la dispense d'autorisation. C'est la loi de 1841 qui, par ses termes mêmes, a confirmé cette dispense. Les articles 13 et 26 de cette loi (1) donnent en effet formellement au maire le droit d'accepter les indemnités après une délibération du conseil municipal, et d'aliéner ainsi les biens communaux. Du reste, la loi suppléant, autant que le permet la rapidité de la procédure, à l'autorisation de plaider, a voulu que le préfet donnât son approbation au conseil de préfecture. Dans le cas où l'indemnité offerte est refusée par le conseil municipal ou par le préfet, les parties vont devant le jury qui doit régler les indemnités, et sont admises à lui présenter leurs observations (art. 37 et 28, l. 3 mai 1841).

L'autorisation est-elle nécessaire à une commune pour provoquer la nomination du jury?

Lorsque l'administration refuse de provoquer cette nomination, on ne peut l'y contraindre qu'au moyen d'une action judiciaire ordinaire. Le particulier, qui n'a pas qualité pour requérir en son

(1) Loi du 3 mai 1841, art. 13 : « Les maires pourront aliéner les biens des communes ou établissements publics, s'ils y sont autorisés par délibération du conseil municipal ou du conseil d'administration, approuvée par le préfet en conseil de préfecture. » — Art. 26 : « Les maires peuvent accepter les offres d'indemnité pour expropriation des biens appartenant aux communes. »

nom la désignation du jury, assignera le préfet devant le tribunal civil pour le faire condamner à pro -
céder à la fixation de l'indemnité. La commune
agissant de la même manière, il s'ensuit qu'elle
intente une véritable action judiciaire, et l'autorisation semblerait nécessaire ; mais il n'en est pas
ainsi. Il faut bien remarquer, en effet, que les tribunaux ne sont pas saisis dans l'espèce d'une action
judiciaire proprement dite ; en y déférant, ils ac-
complissent une simple mesure d'ordre (C. cass.,
31 déc. 1839), et non point un acte de juridiction.
C'est pourquoi l'autorisation n'est pas nécessaire
(cons. d'État, 6 juill. 1853, *ville de Saverne*).

§ V. *Instances administratives.* — La loi de 1837
a dispensé d'autorisation les actions qui doivent
être portées devant les tribunaux administratifs.
L'article 49 soumet seulement à l'autorisation les
actions en justice ; or, dans le langage du droit, on
comprend sous cette dénomination seulement les
actions portées devant les tribunaux judiciaires.
C'est du reste ainsi que l'entend l'article 1032 du
Code de procédure civile lorsqu'il dit que les communes et établissements publics seront tenus, pour
soutenir une action en justice, de se conformer aux
lois administratives.

Déjà l'édit du mois d'août 1764 avait consacré
cette exception. On lit en effet dans son article 44 :
« Ne pourra néanmoins ladite autorisation être
nécessaire pour le pourvoi devant nous ». Telle

était aussi la jurisprudence du conseil d'État bien avant 1837 (cons. d'État, 16 févr. 1826, *commune d'Ervy* c. *Truchy* ; 16 janv. 1828, *comm. d'E-trechy*.

Depuis la loi de 1837, la question ne peut plus être mise en doute, et la jurisprudence s'est constamment prononcée en ce sens (cons. d'État, 23 juill. 1841 , *commune de Saint-Martin-sur-Armançon* ; 31 juill. 1843, *comm. de Sceaux* ; 9 fév. 1847, *comm. de Trébey* ; 8 avr. 1842, *Duvergier* ; 19 janv. 1844, *hospice et ville de Rouen* ; 9 janv. 1849, *ville de Paris* ; 4 janv. 1854, *comm. de Combraille* ; 30 janv. 1854, *comm. de Saint-Maurice-sur-Aveyron* ; 1er déc. 1860, *comm. de Saint-Cyr-sur-Loire* ; 9 nov. 1865 , *section de Montmartin* c. *comm. d'Huane-Montmartin* ; 21 avril 1866, *comm. de Mirande* ; 19 mai 1866, *ville de Paris* ; 14 mai 1873, *comm. de Belvis* c. *Bayet* ; 11 août 1873, *fabrique de l'église de Barbaste*) (1).

On a prétendu que cette dispense tenait à la protection que la commune devait trouver devant les tribunaux administratifs. Il y a là une erreur profonde : les tribunaux administratifs comme les tribunaux judiciaires sont chargés d'appliquer la loi, et non de protéger les personnes morales administratives. Cette doctrine amènerait à soupçonner les

(1) Les auteurs sont unanimes en ce sens. Voir Cormenin, 5e édit., p. 403; Foucart, 4e édit., t. III, p. 534; Ducrocq, 5e édit , t. II, p. 563; Reverchon , p. 74; Serrigny, t. I, p. 408; Block, vo ORGANISATION COMMUNALE; Braff, t. II, p 635 ; *Journal des communes*, t. XII (1839).

tribunaux judiciaires d'être peu favorables aux communes, soupçon qu'ils ne méritent certes pas.

Les véritables motifs qui ont inspiré le législateur en cette matière sont les mêmes que nous avons déjà eu l'occasion de mettre en lumière : la rapidité de la procédure administrative et le peu de frais qu'elle entraîne. D'ailleurs, ne serait-il pas au moins inutile de forcer la commune à demander une autorisation au conséil de préfecture pour porter ensuite devant lui le fond du litige?

Mais cette exception doit-elle être étendue aux instances portées devant le conseil d'État? Nous n'hésitons pas à nous prononcer pour l'affirmative ; les mêmes raisons qui ont fait admettre la dispense devant le conseil de préfecture peuvent, *a fortiori*, être invoquées devant le conseil d'État. Nous ajouterons de plus qu'il serait difficile à concevoir que le conseil de préfecture fût maître, en refusant une autorisation, d'empêcher le pourvoi contre ses décisions (arr. du conseil, 23 juill. 1841, *commune de Saint-Martin sur Armançon* ; 31 juill. 1843, *comm. de Sceaux* ; 9 fév. 1847, *comm. de Trébry* ; — ordonnances contentieuses des 8 avril 1842 et 19 janv. 1844). Du reste, l'autorisation du conseil municipal est toujours exigée en ce cas ; elle a en effet une importance capitale, puisque aucune autorité ne viendra contrôler l'acte du maire avant que l'action ne soit intentée.

Une grave question s'élève à ce propos. Les délibérations du conseil municipal habilitant le maire à plaider devant les juridictions administratives sont-elles soumises à l'autorisation préfectorale ?

Nous pensons que les conseils municipaux ont en cette matière un pouvoir propre et que l'autorisation préfectorale n'est pas exigée. L'article 19 § 10 de la loi de 1837 déclare, en effet, que le conseil municipal délibère sur les actions judiciaires, et ne parle pas des actions administratives. Cette expression *actions judiciaires* ne comprend évidemment pas les actions administratives ; sans cela le conseil de préfecture devrait donner son autorisation, et nous venons de démontrer qu'il n'en est pas ainsi (art. 49).

On pourrait cependant objecter que la disposition finale du décret de 1852 (1) attribue une compétence générale au préfet et lui donne le pouvoir d'autoriser ces délibérations.

Le décret du 25 mars 1852 n'a pas cette portée ; il n'a été, en effet, qu'un décret de déconcentration (2) faisant passer entre les mains du préfet les pouvoirs qui précédemment appartenaient au

(1) Décret du 25 mars 1852, art. 1 . « Les préfets continueront de soumettre à la décision du ministre de l'intérieur les affaires départementales et communales qui affectent directement l'intérêt général de l'État, telles que l'approbation des budgets départementaux, les impositions extraordinaires et les délimitations territoriales; mais ils statueront désormais sur toutes les autres affaires départementales et communales qui, jusqu'à ce jour, exigeaient la décision du chef de l'État ou du ministre de l'intérieur, et dont la nomenclature est fixée par le tableau A ci-annexé (tabl. A, n° 5 · *Autorisation d'ester en justice*).

(2) M. Ducrocq, t. I, 5° édit., p. 106.

chef de l'État et aux ministres. Or aucun texte n'a jamais conféré le pouvoir de donner son approbation à ces délibérations du conseil municipal, ni au chef de l'État ni aux ministres. Le préfet ne peut donc avoir par déconcentration des pouvoirs que n'a jamais eus l'autorité supérieure (1).

CHAPITRE III.

PROCÉDURE DE LA DEMANDE EN AUTORISATION DE PLAIDER.

SECTION PREMIÈRE.

PAR QUI L'AUTORISATION DOIT-ELLE ÊTRE DEMANDÉE?

En principe, le maire est chargé, sous la surveillance de l'administration supérieure, de représenter la commune en justice, soit en demandant, soit en défendant (l. du 29 vend. an V, art. 1er; l. 18 juill. 1837, art. 10 § 8). Mais la loi de 1837 elle-même a établi certaines exceptions, et enfin une innovation des plus importantes, la faculté pour les contribuables de la commune d'intenter à

_____

(1) L'autorisation est-elle nécessaire pour les actions tendant à faire rentrer une souscription communale ayant pour but de subvenir aux frais d'un travail public? Le conseil d'État a constamment jugé que les actions se rapportant aux travaux publics étaient de la compétence des conseils de préfecture. L'autorisation n'est donc pas nécessaire, puisqu'il s'agit d'une instance administrative (cons. d'État, 11 août 1873, *fabrique de l'église de Barbaste*).

leurs risques et périls les actions appartenant à la commune. Nous aurons bientôt l'occasion de nous expliquer sur cette importante disposition ; constatons seulement que les règles établies pour l'autorisation de plaider sont différentes lorsque l'action est exercée par le maire, et lorsqu'elle est exercée par un contribuable.

§ I. *Cas où l'action est suivie par le maire.* — La commune est représentée par le maire, et lui seul a qualité pour demander l'autorisation de plaider.

Ce principe est absolu, et le conseil d'État a invariablement rejeté toutes les demandes par lesquelles un certain nombre de citoyens voulaient représenter la commune (cons. d'État, 27 nov. 1814; 19 fév. 1823; 6 sept. 1826; 9 juin 1830; 4 juill. 1834; 22 nov. 1836; 20 avr. 1840).

La loi de 1837, en permettant aux contribuables d'exercer les actions communales, a modifié un peu cette règle ; mais néanmoins les actions intéressant la généralité des habitants d'une commune doivent être dirigées par ou contre le maire (Cour de Riom, 19 déc. 1856, *habitants de Giraudfaure c. Cognord*).

Le maire peut néanmoins déléguer une partie de ses fonctions à ses adjoints ; ils pourront alors demander l'autorisation de plaider pour les actions relatives aux objets compris dans cette délégation (l. 18 juill. 1837, art. 14).

L'adjoint ou, à son défaut, le premier conseiller

municipal inscrit au tableau peuvent encore remplacer le maire lorsqu'il est empêché ou lorsqu'il
est en opposition d'intérêts avec la commune; mais
ils agissent alors non plus comme adjoint ou conseiller municipal, mais comme maire (art. 5, l. 21 mars
1831; cons. d'État, 19 juillet 1826, *commune de
Bellechassaigne* c. *Leblanc*; 4 mars 1829; 22 nov.
1836, *Morteaux* c. *maire de la Bastide-de-Serou*;
20 avr. 1840, *conseillers municipaux d'Autreville*).

Il eût été en effet très-dangereux pour la commune
qu'elle fût, dans ce dernier cas, représentée par son
adversaire. Mais *quid* si tous les membres du conseil municipal se trouvent en opposition d'intérêts
avec la commune? Avant 1837, cette question avait
fortement préoccupé l'administration et les auteurs (1). La loi de 1837 est venue en donner la
solution en permettant aux contribuables d'exercer
l'action communale. Il peut cependant arriver
qu'aucun contribuable, soit par crainte de s'attirer
l'inimitié du conseil municipal, soit par toute autre
raison, ne veuille intenter l'action. La législation
ne paraît pas avoir donné la solution de cette
question; nous croyons que si le maire ne demande
pas l'autorisation de plaider, et si aucun contribuable ne se présente, la commune devra forcément être jugée par défaut. M. de Cormenin pense
qu'il est certains cas où le ministre de l'intérieur
pourrait se pourvoir dans l'intérêt des com-

---

(1) Serrigny, t. I, p. 441; Foucart, t. III, p. 326, 4e édit.

munes (1), et quelques arrêts du conseil d'État l'ont ainsi décidé (16 nov. 1828, *Frédéric c. ministre de l'intérieur* ; 6 janv. 1830, *ministre de l'intérieur*). Mais le conseil d'État est bientôt revenu sur cette jurisprudence, que d'ailleurs il n'avait jamais adoptée d'une façon complète (8 sept. 1819, *commune de Gonès c. Meyville;* 12 déc. 1821, *comm. de Molay c. Brunet* ; 22 nov. 1829, *ministre de l'intérieur c. Dubail*; 17 mars 1856, *Vinas*).

Cette opinion ne saurait en effet être adoptée en présence des textes formels qui ont confié à des agents spéciaux la représentation de la commune.

Le préfet ne peut non plus demander l'autorisation de plaider pour les communes, même en cas de mauvais vouloir et d'inaction des maires et des conseillers municipaux (2) (C. de Bourges, 17 mars 1848 ; C. cass., 30 nov. 1863). Nous n'hésitons pas à soutenir cette opinion, bien que la jurisprudence des Cours d'appel n'y ait pas toujours été conforme ; mais nous croyons qu'il est impossible de décider autrement en présence des dispositions de la loi de 1837. C'est d'ailleurs ce qu'a reconnu l'administration elle-même par une circulaire ministérielle du 10 octobre 1842 (3).

Mais, en cas de contestations collectives au sujet

(1) Cormenin, t. I, p. 412, 5e édit.

(2) En ce sens Dufour, t. I, p. 631 ; Foucart, 4e édit., t. III, p. 526.

(3) Foucart, 4e édit., t. III, p. 524. — Cette doctrine est aussi très-énergiquement soutenue, dans le *Journal des avoués* (ann. 1857, p. 575), par M. Chauveau Adolphe, qui explique les variations de la jurisprudence sur ce point.

des chemins vicinaux de grande communication, le préfet, en vertu de l'article 9 de la loi du 21 mai 1836, représente les communes ; c'est donc à lui de demander pour elles l'autorisation de plaider au conseil de préfecture. Cette disposition, tout à fait spéciale et contraire aux principes généraux, a été introduite dans la loi de 1836 pour hâter autant que possible la construction des chemins de grande communication et aplanir les difficultés qui pourraient se présenter à ce sujet.

Bien que le maire soit le représentant légal de la commune, il ne peut demander aucune autorisation de plaider sans une délibération conforme du conseil municipal.

Sous l'empire de l'édit de 1683 et des déclarations de 1687 et de 1703, les maires et échevins ne pouvaient déjà plaider sans le consentement des habitants. Mais la loi de 1789 était moins explicite ; le conseil général de la commune était appelé seulement à délibérer sur les procès ; la jurisprudence l'avait néanmoins interprétée en ce sens que la délibération du conseil municipal devait autoriser la commune à plaider (13 nov. 1810, *commune de Moy* ; 13 mars 1822, *Fourton c. Delabourays* ; 9 mars 1832, *comm. de Curlu c. héritiers Lemaire* ; 19 déc. 1834, *comm. de Desvres*).

Quel a été, sur ce point, le système de la loi de 1837 ?

Une distinction doit être faite à ce sujet entre les actions à intenter et les actions à soutenir.

Nous croyons que le maire ne peut intenter une
action sans une délibération conforme du conseil
municipal. Les principes généraux de la soi-disant
tutelle administrative donnent en effet à l'autorité
supérieure le droit d'empêcher la commune de
faire certains actes ou de l'autoriser à les faire,
mais non celui de la forcer (1). Le maire accomplit
les actes soumis à la tutelle sous la surveillance et
non sous l'autorité de l'administration supérieure.
C'est à ce titre qu'il représente la commune en justice.

Certains actes énumérés à l'article 19 ne peuvent
être exécutés faute d'autorisation par le préfet,
mais on ne peut forcer le maire à les exécuter. Pour
tous ces actes, l'autorisation du conseil municipal
est indispensable; or ils constituent presque tous
des contrats. L'action en justice est un véritable
contrat; il faut donc appliquer ici les mêmes principes.

Peut-être objectera-t-on que l'article 52 permet
au conseil de préfecture d'autoriser la commune à
se défendre, même *contre l'avis du conseil municipal*. Mais la situation n'est plus la même; dans ce
dernier cas, en effet, l'inaction n'arrêterait pas
les poursuites de l'adversaire et exposerait la commune à une condamnation inévitable. Le législateur a donc agi sagement en permettant au conseil
de préfecture d'autoriser néanmoins la commune.

(1) Ducrocq, *Droit administr.*, 5e édit., t. I, p 94.

Il en est tout autrement lorsqu'il s'agit d'intenter une action, et nous pensons que le législateur a agi sagement encore en ne permettant pas l'autorisation lorsque les mandataires de la commune sont décidés à l'inaction.

D'ailleurs, l'article 52 que l'on nous objecte ne force pas la commune à plaider ; il donne seulement cette faculté au maire, si le conseil municipal le décide plus tard ainsi, conformément à l'art. 19 de la loi de 1837. Dans le cas enfin où l'on prétendrait que le législateur, en permettant au maire de plaider avec l'autorisation du conseil de préfecture, contre le gré du conseil municipal, a voulu apporter un remède à l'incurie de ce conseil, nous répondrions qu'il a établi un remède bien plus habile et bien plus effectif en permettant à ceux même qui souffriront de cette incurie, aux contribuables, d'exercer les actions de la commune. Les conséquences du système opposé conduiraient, du reste, à admettre que le maire peut plaider, contre le gré du conseil municipal, lorsque l'autorisation du conseil de préfecture n'est pas exigée. On se demande quelle garantie resterait alors aux habitants de la commune. La jurisprudence du conseil d'État s'est d'ailleurs toujours prononcée en faveur de l'opinion que nous avons développée (cons. d'État, 16 déc. 1838, *commune de Savennes* ; 30 juill. 1840, *comm. de St-Pierre-lez-Calais* ; 19 janv. 1850, *St-Prix d'Audibert c. comm. de Fayerne* ; 17 févr. 1853, *ministre des finances c. Glérès* ; 25 juin 1856,

Lepère et consorts ; 24 juill. 1856, *comm. de Strasbourg* ; 31 oct. 1866, *comm. de Villemagne*) (1).

Cependant le maire pourrait intenter les actions
à titre conservatoire sans l'assentiment du conseil
municipal, mais à charge de rapporter ultérieurement la délibération du conseil ; c'est une conséquence de l'article 55 de la loi de 1837 (cons.
d'État, 9 janv. 1849, *ville de Paris* c. *Noel et consorts* ; 27 janv. 1848, *comm. de Vinon* c. *Truc* ;
10 févr. 1865, *ville de Nantes* c. *Thiébault et
autres*) (2).

L'arrêté du 19 vendémiaire an XII porte que les
receveurs municipaux sont chargés de faire les
diligences nécessaires pour le recouvrement des
revenus, et les poursuites contre les débiteurs ; mais
cette obligation s'arrête du moment où l'opposition
du débiteur donne lieu à une contestation de la
compétence des tribunaux judiciaires. Le maire
doit alors intervenir, et seul il peut demander l'autorisation d'ester en justice lorsqu'elle est nécessaire (3).

Lorsque la commune est défenderesse, la loi de
1837 a voulu que le conseil de préfecture pût autoriser le maire à plaider, alors même que le conseil
municipal refusait d'approuver l'action. Nous avons

---

(1) Cette opinion est adoptée par MM. Dalloz, t. X, n°ˢ 1652 et 1653 ;
Chauveau Adolphe, t. I, p. 42, 2ᵉ édit. ; Reverchon, p. 92 et suiv.
Elle est au contraire combattue par M. Serrigny, t. I, n° 394.

(2) Foucart, 1ᵉ édit., t. III, p. 534, et *supra*, p. 100

(3) *Bulletin officiel du ministère de l'intérieur*, ann. 1839, p 347.

déjà (1) donné quelques-unes des raisons qui ont fait écrire cette disposition dans l'article 52 de la loi. Néanmoins elle fut fortement combattue à la Chambre des pairs lors de la discussion ; on prétendait en effet que la loi imposait ainsi aux communes des charges qu'elles ne sont pas tenues de subir. Mais la Chambre des députés persista dans son vote. Les plus sages raisons furent données par le rapporteur (2), qui fit remarquer que la décision du conseil de préfecture ne saurait contraindre la commune à intervenir activement au procès. D'ailleurs cette autorisation pourra atténuer auprès des juges, si une transaction régulière n'intervient pas pour arrêter l'instance, l'effet produit par le refus du conseil municipal ; elle fera peser sur lui une responsabilité qui l'engagera peut-être à réfléchir et à revenir sur sa première détermination.

L'autorisation donnée dans ce cas par le conseil de préfecture n'ouvre qu'une simple faculté dont l'exercice est subordonné à l'assentiment du conseil municipal. La commune ne serait donc pas tenue du fait du maire s'il agissait seul en vertu de cette autorisation. Le préfet ne pourrait d'ailleurs exécuter, en vertu de l'article 15, les actes auxquels le maire n'aurait pas procédé, car cet article ne s'applique qu'aux actes qu'une loi ordonne au maire d'exécuter ; or aucune loi ne lui enjoint d'inténter

(1) Voir *supra*, p. 118.
(2) M. Vivien, dont l'autorité en pareille matière est si considérable.

un procès (C. cass., 28 juin 1843 ; 27 mars 1850 ; 7 juill. 1852 ; 30 nov. 1863) (1).

Il pourra arriver que la commune ne soit pas représentée, mais les droits des tiers seront sauvegardés, car alors le tribunal statuera par défaut.

§ II. *Actions exercées par les contribuables.* — Nous avons vu qu'avant la loi de 1837, le maire exerçait seul les actions communales, et nous avons rapporté plusieurs décisions du conseil d'État refusant aux habitants d'une commune qualité pour les exercer ; cependant, lorsque le fond du droit n'était pas contesté, chaque habitant pouvait exercer individuellement et sans autorisation les actions relatives à son droit de jouissance sur les biens communaux (cons. d'État, 30 mars 1812, *habitants de la Noue* c. *Picot* ; 20 juin 1816, *de Saint-Victor* c. *Vitermont* ; 13 mars 1822, *Fourton* c. *Delabourays* ; 5 août 1829, *Uthurbide et Hirciart* c. *d'Huart* ; Cour de cass., 16 juill. 1822 ; 20 mars 1823 ; 31 mars 1835 ; Grenoble, 3 févr. 1838) (2).

Ce qui était l'exception avant 1837 est devenu aujourd'hui la règle, et tout contribuable peut exercer les actions communales, pourvu toutefois que ce soit à ses risques et périls (art. 49 §§ 3 et 4).

Cette innovation présente des avantages que nous

---

(1) Cette opinion est approuvée par MM. Jèze, *Diction. d'adm.*, p. 425 ; Reverchon, p. 100 et suiv. ; Laferrière, t. II, p. 605. C'est aussi celle du ministère de l'intérieur (voir ann. 1840 et 1842). Contra : Dalloz, t. X, n° 1650 ; Dufour, t. I, n° 745.

(2) Cormenin, 1re édit., t. I, p 86.

avons déjà signalés, et notamment celui de porter
remède au mauvais vouloir des conseils municipaux. Mais on peut craindre, d'autre part, qu'elle
ne serve à favoriser des inimitiés personnelles et
des intérêts privés. Ce fut là une des raisons qui
firent établir, contrairement à ce qui avait lieu avant
1837, l'examen par le conseil de préfecture, examen
d'autant mieux justifié que l'action doit nuire ou
profiter à la commune.

La loi a soumis l'exercice de ce droit à de nombreuses conditions dont la nature varie.

1° L'action ne peut être intentée que par les
contribuables inscrits au rôle de la commune.

La qualité d'habitant ne suffît point ; la loi a voulu
une garantie de plus, pensant que le propriétaire
a tout avantage à ne pas compromettre les intérêts
de la commune où sont situés ses biens. Le contribuable peut d'ailleurs ne pas avoir son domicile
dans la commune.

2° L'action est exercée aux risques et périls du
contribuable ; c'est encore une garantie pour qu'il
n'engage pas la commune dans un procès dont le
résultat lui semblerait douteux.

3° C'est seulement lorsque l'administration municipale négligerait ou refuserait d'intenter une
action que le contribuable est admis à l'exercer
(cons. d'État, 30 juill 1857, *commune d'Oigny*). Il
ne suffirait pas que le contribuable ait mis le maire
en demeure d'exercer l'action (commis. faisant
fonctions de cons. d'État, 6 avr. 1872, *Raymond*

Barba c. *commune de Vicdessos*), il faut encore que le conseil municipal se soit prononcé d'une façon formelle à ce sujet (27 déc. 1844, *commune de Fonteilles*; 28 nov. 1845, *Damphernet*; 9 juill. 1859, *ville de Rodez*; 22 févr. 1860, *comm. d'Availles-Thouarsais*; 20 mai 1860, *comm. de Saint-Véran*; 24 mai 1873, *Petit-Jean au nom de la ville de Loches*; 27 déc. 1875, *Fleury-Houssel et autres conseillers municipaux et contribuables de la comm. de Vorges c. le sieur Pierdon*). Cette délibération est d'ailleurs soumise à toutes les conditions de validité exigées par la loi de 1855 (commis. faisant fonctions de cons. d'État, 15 nov. 1871, *Valette et autres*).

L'autorisation peut être accordée même au cas où le conseil municipal a refusé de plaider (cons. d'État, 22 févr. 1875, *commune de Cemboing c. Bulot*). Cependant l'offre d'une transaction est regardée comme une renonciation à l'exercice de l'action (cons. d'État, 25 mars 1845, *Cambessèdes*).

Lorsque l'autorisation a été refusée à la commune, le contribuable ne peut à son tour la demander qu'après que la commune a été appelée à délibérer sur le pourvoi qu'elle peut diriger contre l'arrêté du conseil de préfecture (cons. d'État, 8 janv. 1840, *Vaillant*; 26 août 1848, *Bezout, Lenoir et Savayer*). On a prétendu qu'en négligeant de se pourvoir et en acquiesçant à l'arrêté du conseil de préfecture, la commune avait manifesté son refus d'appeler (1). Cependant il nous semble impossible, lorsque le conseil municipal ne s'est pas explicitement prononcé dans les trois mois pendant lesquels il peut se pourvoir, de dire, avant l'expiration de ce délai, s'il refuse d'intenter son recours. Or, après cette époque, le contribuable ne pourra plus, lui aussi, exercer le recours, puisque le délai sera expiré ; le droit qui lui est donné reste donc purement illusoire. Le seul moyen qui lui sera offert consistera alors à mettre le conseil municipal en demeure de se prononcer, au moyen d'un mémoire préalable (2).

4° L'autorisation du conseil de préfecture est nécessaire pour que l'action puisse être valablement intentée.

Cependant l'autorisation donnée au contribuable peut intervenir à tout moment de l'instance (Grenoble, 27 mars 1844 ; C. cass., 8 juin 1869, *Linarès* c. *Lestrade et autres*). Mais l'action pourrait être déclarée non recevable, alors même qu'au moment du jugement l'autorisation serait sollicitée, s'il a déjà été donné plusieurs délais pour l'obtenir (C. cass., 6 janv. 1868, *Dubois et autres* c. *Girardin et autres*). Le conseil de préfecture, outre les questions qu'il a habituellement à examiner, doit, lorsque la demande d'autorisation est formée par un contribuable, s'informer si l'exercice

(1) M. Reverchon, se fondant sur un arrêt de la Cour de Bourges du 6 avril 1840 (voir Reverchon, p. 113).
(2) Blanche, *Diction. d'administr.*, v° COMMUNE, p. 426.

de l'action n'est pas contraire aux intérêts de la commune et s'il ne s'agit pas d'inimitiés personnelles (cons. d'Ét., 4 mars 1867, *Barba et consorts c. comm. de Morsang-sur-Seine*).

Afin d'éviter qu'on puisse remettre en question les affaires qui ont déjà reçu une solution judiciaire, la loi déclare que la commune sera mise en cause et que la décision qui interviendra aura effet à son égard. Cependant il faut remarquer que si le contribuable vient à perdre le procès, le jugement a bien effet contre la commune, mais elle demeure indemne de tous frais ; si, au contraire, il gagne, la commune en profite (1).

Si la commune jouait un rôle passif dans l'instance, on pourrait décider, par analogie avec l'article 185 du Code de procédure civile, qu'elle pourrait être condamnée aux dépens (2).

Du reste, la nécessité de l'autorisation pour le contribuable est aussi et même plus générale pour la commune ; il doit être autorisé pour intervenir (C. cass., 2 mars 1875, *Feuillat et autres c. Gaillard et ville de Lyon*). Il doit l'être aussi alors même que le fond du droit est attaqué seulement par une voie de fait (C. cass., 23 janv. 1867, *Alric c. Portès*). Mais l'autorisation n'est pas nécessaire pour le contribuable au cas où il a été troublé dans l'exercice d'un droit appartenant *ut singuli* aux

(1) Voir à ce sujet la discussion sur le projet de loi (Duvergier, t. XXXVII, p. 248).

(2) Dalloz, *Répert.*, 2º édit., vº COMMUNE, nº 1460.

habitants de la commune (C. cass., 5 juill. 1869, *Laporte c. Chaminade et autres*).

Bien que l'article 49 de la loi du 18 juillet 1837 ne paraisse relatif qu'aux actions à intenter, il doit cependant s'appliquer aux actions à soutenir, et le contribuable est admis à défendre aux actions dirigées contre une commune lorsqu'elle néglige de le faire elle-même (1).

Un tiers, même intéressé, n'est pas recevable à attaquer devant le conseil d'Etat, comme mal fondée, l'autorisation accordée par le conseil de préfecture à un contribuable (cons. d'Etat, 8 juill. 1865, *commune de Dégagnac*) (2).

L'article 49, après avoir imposé à la commune la nécessité d'une nouvelle autorisation du conseil de préfecture lorsqu'elle veut se pourvoir devant un autre degré de juridiction, ne parle pas des cas où l'action sera exercée par un contribuable. Il en résulte que l'autorisation n'est pas nécessaire dans ce cas. Les frais et risques du procès restant à la charge du contribuable, l'intervention du protecteur légal de la commune et un nouvel examen de sa part deviennent inutiles (C. cass., 27 mars 1846 ; Limoges, 6 janv. 1849 ; Bourges, 15 févr. 1851) (3).

(1) Reverchon, p. 109.

(2) On a soutenu que le contribuable avait un recours, comme gérant d'affaires, pour se faire rembourser ses avances au cas où il a gagné le procès ; mais cette opinion ne saurait être défendue en présence de la discussion de la loi.

(3) En ce sens, Braff, *Administr. comm.*, t. II, p. 632, note. Contra : Reverchon, p. 121.

Le contribuable pourrait d'ailleurs demander l'autorisation de suivre en appel un procès que la commune aurait abandonné après le jugement de première instance, et il le pourrait alors même que l'autorisation de faire appel aurait été refusée à la commune (1).

En vertu des termes généraux de l'art. 49, les contribuables peuvent exercer les actions possessoires et les actions administratives, mais à charge d'autorisation par le conseil de préfecture ; cette nécessité résulte aussi des termes de l'article 49, qui ne fait pas de distinction. Cependant, jusqu'en 1842, le conseil d'État avait dispensé les contribuables de l'autorisation pour plaider en matière possessoire et devant les tribunaux administratifs. Mais un arrêt du 8 avril 1842 est revenu sur cette jurisprudence et a exigé l'autorisation. Plusieurs autres arrêts sont depuis lors intervenus dans ce sens (cons. d'État, 2 avr. 1854, *Jean ;* 23 juill. 1859, *commune de Beaumont* ; 16 mai 1860, *Guillemin* ; 31 mai 1862, *comm. de Garons* ; 8 juill. 1865, *comm. de Degagnac* ; 1ᵉʳ juill. 1870, *Gasséris*) (2).

Mais le contribuable ne peut exercer que les actions qui intéressent pécuniairement le domaine communal ; il ne serait pas autorisé par exemple à exercer, sur le refus du bureau de bienfaisance, les actions intéressant les pauvres de la commune

---

(1) Chauveau Adolphe et Tambour, 5ᵉ édit., t. I, p. 56.

(2) En ce sens : Reverchon, p. 123 ; Braff, p. 636 ; Jeze, *Diction. d'administr. ;* Serrigny, t. I, p. 59. Contra : Dalloz.

(cons. d'État, 30 août 1847, *Dumorisson c. ville de Pons*). Les déchéances encourues par lui ne peuvent être opposées à la commune, qui conserve le droit de son chef de se pourvoir en cassation (C. cass., 31 déc. 1855, *commune de Vagneyet-Martin c. Halin*). L'autorisation serait d'ailleurs nécessaire au contribuable pour le pourvoi en cassation.

SECTION II.

A QUELLE ÉPOQUE ET PAR QUI L'AUTORISATION EST DONNÉE.

§ I. *Époque à laquelle l'autorisation doit être obtenue.*—Si l'on interprétait strictement les termes des articles 49 et 50 de la loi de 1837, il faudrait décider que l'autorisation doit être préalable à l'action : « Nulle commune, dit l'article 49, ne peut introduire une action en justice avant d'être autorisée..... Après tout jugement intervenu, elle ne peut se pourvoir devant une autre juridiction qu'en vertu d'une nouvelle autorisation. »

L'autorisation doit en effet être, en principe, préalable (1) à l'action; mais l'article 55, en donnant

(1) M. de Cormenin emploie en cette matière le mot « préalable » d'une façon absolue, qui semble contraire à la doctrine que nous soutenons (t. II. p. 135, n° xxx *in fine*); mais il développe plus loin sa pensée et cite un arrêt de la Cour de cassation du 21 août 1829, d'après lequel l'autorisation accordée, même après les plaidoiries, valide tous les actes de procédure ultérieurement faits (t. II, p. 141, note 1 *in fine*).

9

ou plutôt en imposant au maire l'obligation de faire tous les actes interruptifs et conservatoires, a expliqué la disposition dont nous venons de parler, et en a restreint la portée. Si on veut, en effet, que le maire puisse interrompre la prescription sans autorisation, on doit lui reconnaître le pouvoir d'exercer les actions sans cette formalité, sauf à la requérir plus tard. Aussi la jurisprudence admet-elle d'une façon constante qu'il suffit que l'autorisation intervienne avant le jugement (C. cass., 28 brum. an XIV, *commune de Vic-sur-Allier*; 7 déc. 1819, *comm. de Moyrans*; 10 mars 1829, *comm. de Saint-Germer*; 14 nov. 1832, *comm. d'Écoins*; 7 août 1839, *comm. de Busigny*; Douai, 4 mai 1836, *comm. de Courcelles*; 25 nov. 1845, *hospices de Paris*; 8 juin 1869, *Linarrés c. Lestrade et autres*) (1).

L'autorisation peut être produite même après que la cause a été mise en délibéré (Orléans, 26 août 1847, *Seulliot c. Perron*), et que les plaidoiries sont terminées (Cass., 21 août 1829). La Cour de cassation a même jugé que l'autorisation pouvait être présentée devant elle après que le défendeur assigné devant la chambre civile, en exécution de l'arrêt d'admission de la chambre des requêtes, a invoqué le défaut d'autorisation (C. cass., 8 nov. 1845) (2).

---

(1) Foucart, 4º édit , t. III, p. 537 ; Dufour, 2ᵉ édit., t. III, p. 504 ; Block, *Diction.*, vº ORG. COMM. ; Reverchon, p. 251.

(2) Nous aurons à revenir sur cette question, lorsque nous traiterons de la nullité qui résulte du défaut d'autorisation.

Lorsqu'elle est obtenue pendant l'instance, l'autorisation rétroagit au jour où cette instance a été commencée (Bordeaux, 14 août 1848, *hospices de Bordeaux c. Johnston*) ; et, lorsqu'elle est présentée en appel, elle couvre le vice résultant du défaut d'autorisation en première instance (trib. de Strasbourg, 29 déc. 1852, *Gast c. commune de Bilwisheim*).

D'ailleurs, une fois l'autorisation obtenue, aucun délai n'est imposé à la commune pour agir, elle est seulement soumise à la prescription générale de l'article 2262. L'autorisation n'a donc pas besoin d'être renouvelée, quoique l'action ne soit intentée que longtemps après, alors même que le maire semblerait y avoir implicitement renoncé, car il n'a pas le droit de consentir une pareille renonciation (C. de Rennes, 19 fév. 1839, *comm. de Plouënat*).

Il y a là un véritable inconvénient auquel la loi n'a pas remédié (1).

Lorsqu'une commune se présente sans être autorisée, le tribunal peut surseoir à statuer et lui donner le temps nécessaire pour accomplir cette formalité. Mais, dans le cas où ce sursis ne sera pas accordé, le jugement serait-il susceptible de cassation ?

Cette solution semble bien résulter de la jurisprudence (C. cass., 16 avril 1834, *commune de*

___

(1) M. Foucart propose, pour éviter cet inconvénient, de fixer dans l'autorisation donnée par le conseil de préfecture un délai passé lequel on ne pourra plus en faire usage (3° édit., t. III, p. 97).

Saint-Bresson; 1ᵉʳ mars 1848, *comm. de Saint-Germain* c. *Gaydon* ; Colmar, 17 août 1853, *Levylier* c. *comm. de Molskich*). Nous n'hésitons pas à déclarer qu'elle nous semble absolument contraire à l'esprit de la loi de 1837. L'autorisation est en effet une mesure de protection pour les communes, mais elle ne peut jamais nuire aux tiers. La loi a pris soin de sauvegarder leurs droits, lorsqu'ils sout demandeurs, en établissant que, les délais passés après la présentation du mémoire, le jugement peut intervenir sans autorisation. Nous pensons qu'au cas où la commune est demanderesse, les tiers ne doivent point non plus souffrir de son inaction, si elle ne demande pas l'autorisation de plaider, et que le tribunal ne doit pas hésiter à statuer (1).

§ II. *Par qui et dans quelles formes l'autorisation doit-elle être donnée.* — L'article 4 de la loi du 28 pluviôse de l'an VIII donnait au conseil de préfecture la mission d'autoriser les communes à plaider. La loi de 1837 lui a conservé cette attribution (art. 49 et 52) ; c'est un des cas dans lesquels ce conseil a un pouvoir propre en matière administrative (2) ; sa décision est d'ailleurs susceptible de recours devant le conseil d'État.

La demande est formée par requête au conseil de préfecture ; on doit y annexer la délibération du conseil municipal et tous les renseignements néces-

(1) Contra : Reverchon, p. 165; Serrigny, t. I, p. 438.
(2) Ducrocq, t. I, p. 121, 3ᵉ édit.

saires pour éclairer l'affaire. Ces pièces sont envoyées par l'intermédiaire du préfet. Celui-ci doit,
sous peine d'excès de pouvoir, soumettre toutes les
demandes au conseil de préfecture (23 déc. 1835,
commune de Franvilliers); il en serait de même
s'il statuait à la place du conseil de préfecture
(30 juill. 1840) (1). Un seul conseiller de préfecture ne pourrait *a fortiori* accorder l'autorisation.
Mais le conseil de préfecture ne peut en aucun cas
se saisir lui-même, sous peine d'excès de pouvoir
(27 déc. 1858, *commune d'Urcay*)

Lorsqu'une demande d'autorisation est présentée
au conseil de préfecture, il doit toujours en connaître, et non se déclarer incompétent ; si la demande n'est pas susceptible d'autorisation, par
exemple s'il s'agit d'une affaire rentrant dans le
contentieux administratif, il doit refuser l'autorisation (cons. d'État, 10 juin 1872, *commune de Res-
tigue* c. *Pallu*). Même dans le cas où l'adversaire
opposerait l'exception de la chose jugée, le conseil
de préfecture devrait encore formuler une décision
et refuser l'autorisation (cons. d'État, 11 janv.
1873, *commune de Saissac*). C'est une véritable
obligation que la loi lui a imposée.

L'autorisation doit être donnée en termes exprès ; le conseil d'État a soin, en renvoyant les
parties devant les tribunaux, d'ajouter : *à la charge
par la commune d'obtenir l'autorisation préalable*

(1) Block, *Diction. d'admin.*, vº ORG. COMM.; Chauveau Adolphe
et Tambour, 5ᵉ édit., t. II, p. 235, Blanche, *Comm.*, p. 424.

voulue par la loi (voir 23 oct. 1816, *de Montmort
c. commune de Juilly ;* 5 nov. 1823, *comm. de la
Petite-Pierre).* Parfois il donne lui-même l'autorisation en même temps qu'il renvoie les parties
devant les tribunaux judiciaires (7 mars 1821 ,
commune de Cauneille c. Delucq). L'autorisation
ne peut donc résulter des décisions par lesquelles
le conseil de préfecture ou le conseil d'État, se déclarant incompétents, renvoient aux tribunaux judiciaires (12 fév. 1823, *ville de Poitiers c. Mathé)* (1).
Elle ne peut résulter non plus de l'autorisation
accordée à une autre commune, partie adverse
(Bourges, 7 mars 1835, *commune de Moulins
c. comm. d'Osmoy)* (2).

L'arrêté du conseil de préfecture portant refus
d'autorisation doit être motivé, ceci résulte des
termes formels de l'article 53.

Le législateur a voulu que le conseil de préfecture exerçât seulement une mission de protection,
et qu'il ne se laissât pas entraîner, en refusant une
autorisation, à exercer un véritable pouvoir judiciaire (3).

Cette disposition s'applique au cas où la commune est demanderesse comme au cas où elle est

(1) Cormenin, t. I, p. 409; Foucart, 4ᵉ édit., t. III, p. 537; Chauveau Adolphe, t. II, p. 214, 2ᵉ édit. ; Serrigny, t. I, p. 419.

(2) Cependant une ordonnance du 25 juin 1817 (*Joba c. commune
de Sorcy*) avait considéré comme une autorisation l'arrêté par lequel
le conseil de préfecture, statuant à tort sur le fond du procès, donnait gain de cause à la commune ; mais M. Reverchon fait remarquer que cet arrêt n'a pas fait jurisprudence (p. 183).

(3) Paroles de M. Genoux lors de la discussion de la loi.

défenderesse ; il en résulte aussi que le conseil de préfecture peut et doit apprécier les chances de succès de l'action, et qu'il peut restreindre l'autorisation à certains chefs de la demande (21 mars 1874, *ville de Gisors*).

La décision du conseil de préfecture n'est pas, il est vrai, un jugement, mais elle peut exercer une certaine influence sur le jugement du fond : il fallait donc l'entourer de précautions ; l'obligation de motiver le refus est une des plus sérieuses que le législateur ait pu édicter. Enfin il était naturel que le conseil de préfecture fît savoir pourquoi il refusait l'autorisation, et qu'il montrât bien à la commune que c'était tout à fait dans son intérêt. D'ailleurs ce refus peut n'être que temporaire, et c'est alors surtout que la commune a intérêt à être prévenue pour intenter de nouveau son action, lorsque le moment sera venu.

Bien que des arguments sérieux se soient élevés contre cette disposition lors de sa discussion à la Chambre, elle fut néanmoins adoptée.

Mais lorsque le refus d'autorisation a pour cause l'incompétence judiciaire, il est bien difficile à l'autorité administrative de motiver sa décision sans trancher en même temps le conflit d'attributions. Cependant il est impossible d'échapper aux prescriptions de la loi, et c'est surtout dans ce cas qu'il est utile, en motivant le refus, de protéger la commune et de lui indiquer la marche qu'elle doit suivre. La jurisprudence du conseil d'État a toujours su éviter l'écueil : à l'origine, elle accordait l'autorisation, *sans rien préjuger sur la compétence* judiciaire (29 janv. 1840, *commune de Muraux*) ; mais, depuis 1843, l'autorisation n'est jamais donnée que d'une manière restreinte, et seulement pour décliner la compétence judiciaire (C. cass., 7 août 1843, *commune de Rouchamp ;* 30 mars 1844, *comm. de Cauterets ;* 20 avril 1847, *comm. de Versoles ;* 30 juin 1855, *comm. de Souppes*, etc.).

Mais l'obligation de motiver les décisions est restreinte au cas de refus ; les arrêtés emportant autorisation ne doivent donc pas être nécessairement motivés (1).

Nous avons déjà remarqué (p. 117) que le conseil municipal devait toujours être appelé à délibérer sur les actions à intenter ou à soutenir. Nous avons dit aussi qu'au cas où la commune est défenderesse, l'autorisation peut être accordée même si le conseil municipal se refuse à plaider ; il est donc inutile de revenir sur ce sujet (2).

Sous l'empire de l'édit du mois d'août 1764, l'autorisation ne pouvait être accordée que sur une requête accompagnée d'une consultation d'avocat. Jusqu'en 1837, les conseils de préfecture exigèrent une consultation de trois juriconsultes, et généralement le sens de cet avis dictait la décision de ces

(1) Serrigny, t. I, p. 430 ; Reverchon, p. 229.
(2) La délibération du conseil municipal peut d'ailleurs intervenir pendant l'instance (cons. d'État, 10 févr. 1865, *ville de Nantes* c. *Thébaut et autres*).

conseils (21 avril 1832, *commune de Saux* ; 10 janv. 1832, *comm. de Maisonnettes* ; 3 mai 1833, *comm. de Sauleville*). Cependant il n'y avait là rien d'obligatoire. La loi de 1837 n'exige plus cette formalité ; presque toujours, en effet, elle occasionne des lenteurs qui peuvent porter préjudice à l'intérêt des communes. Cependant les conseils de préfecture demandent encore parfois l'avis de trois jurisconsultes. Le conseil d'État a longtemps négligé, en ce qui le concerne, de requérir cette formalité ; un arrêt du 25 juin 1856 (*section de Saint-Louand, commune de Beaumont*) proclame l'inutilité de la consultation, et semble le point de départ d'une nouvelle jurisprudence déniant aux conseils de préfecture le droit d'exiger des communes cette formalité (1). Le ministre de l'intérieur avait décidé que les communes pouvaient s'adresser à un avocat de leur choix pour obtenir tels conseils qu'elles désireraient, mais les conseils de préfecture demeuraient maîtres de désigner les avocats qui examineraient officiellement les titres des communes (lettre du 3 juin 1834). D'après la nouvelle jurisprudence inaugurée en 1856, cette décison n'a plus raison d'être.

Nous avons déjà fait connaître les dispositions spéciales établies par la loi au cas où la commune est défenderesse, dispositions qui ont surtout pour but, nous l'avons dit, de concilier les droits des

_____

(1) Voir contra : Cormenin, t. I, p. 406 ; Reverchon, p. 164 ; Serrigny, t. I, p. 404.

tiers avec la protection accordée aux communes. Nous devons maintenant les examiner au point de vue de leur influence sur la décision du conseil de préfecture et du tribunal saisi.

Le demandeur présente au préfet un mémoire explicatif de sa demande, et il lui en est donné récépissé par le secrétaire général. Du jour de ce dépôt, fixé par le récépissé, le droit du demandeur est suspendu pendant deux mois; c'est dans ce délai que le conseil de préfecture doit statuer. Du reste, la commune seule a le droit de faire toutes les diligences nécessaires pour obtenir l'autorisation. Le demandeur n'est pas averti si l'autorisation est accordée; mais lorsqu'il en a connaissance, il peut agir aussitôt; de même aussi à défaut de décision après l'expiration du délai de deux mois. En cas de pourvoi contre la décision du conseil de préfecture, l'instance est suspendue jusqu'à ce qu'il ait été statué (nous verrons plus tard qu'il doit être statué dans le délai de deux mois). Dans le cas où le demandeur n'aurait pas rempli les formalités exigées par l'article 51, le tribunal devrait déclarer sa demande non recevable, et le conseil de préfecture, saisi d'une demande en autorisation, devrait surseoir à statuer. Le conseil d'Etat a annulé, pour excès de pouvoir, l'arrêté d'un conseil de préfecture rendu sans l'observation de cette formalité (8 juill. 1840, *commune de la Calmette*).

Mais la procédure commencée devrait être annulée si elle n'était pas suivie de la remise du mémoire. Cette solution résulte formellement, pour les actions intentées contre l'Etat, du décret du 28 octobre 1790 ; avant 1866, elle devait s'appliquer aux départements, en vertu de l'article 37 de la loi du 10 mai 1838. Bien que la loi de 1837 ne s'en explique pas formellement, son esprit ne laisse aucun doute à ce sujet, et il doit en être de même des communes (1). La Cour de cassation a cependant jugé que le dépôt du mémoire, intervenu après l'ajournement, remplissait le vœu de la loi (C. cass., 23 août 1833 ; 20 janv. 1845).

La commune ne peut d'ailleurs se prévaloir. pour la première fois, du défaut de remise du mémoire devant la Cour de cassation, car, si elle a été autorisée, la remise du mémoire n'a plus d'intérêt pour elle ; si, au contraire, elle ne l'a pas été, elle peut se prévaloir du défaut d'autorisation.

La jurisprudence admet que la remise du mémoire peut être remplacée par des équivalents (2). C'est ainsi qu'il a été décidé que le préfet avait eu suffisamment connaissance des prétentions d'une commune sur le domaine de l'Etat par l'autorisation de plaider accordée à cette commune (C. cass., 14 juin 1832, *commune de Saint-Georges* ; 2 juill. 1833, *préfet du Cher c. commune d'Auxigny*).

Lorsque la procédure suit régulièrement son

(1) En ce sens, Serrigny, t. I, p. 420; Foucart, 4ᵉ édit., t. III, p. 542.
(2) M. Foucart pense que ce système porte atteinte à la lettre de la loi (4ᵉ édit., t. II, p. 326).

cours, le mémoire du demandeur est transmis au maire par le préfet, avec autorisation de convoquer le conseil municipal ; si, par hasard, ces dernières formalités n'étaient pas remplies, l'action pourrait néanmoins être intentée à l'expiration du délai ; il n'y aurait même pas à réformer la décision prise par le préfet (cons. d'État, 16 mars 1842) (1) La délibération du conseil municipal est soumise à l'examen du conseil de préfecture, alors même que les représentants de la commune ne veulent pas plaider (art. 52) (2).

Le conseil de préfecture doit rendre sa décision dans le délai deux mois ; mais il conserve la faculté de statuer même après l'expiration de ce délai, car il n'a été établi que dans l'intérêt des tiers, et laisse tout entière la compétence du conseil de préfecture (cons. d'État, 30 nov. 1841).

D'ailleurs le défaut de décision n'entraîne pas autorisation. L'article 54 dit, en effet, qu'en aucun cas la commune ne peut défendre à l'action qu'autant qu'elle est expressément autorisée. Si donc le demandeur agit et que l'autorisation ait été refusée à la commune, elle sera condamnée par défaut.

L'autorisation est accordée au contribuable dans les mêmes formes qu'aux communes elles-mêmes. Le ministre de l'intérieur avait voulu imposer au contribuable l'obligation de consigner une somme égale au montant présumé des frais qui seraient à

---

(1) Voir Reverchon, p. 194.
(2) Nous avons déjà expliqué pourquoi.

payer dans le cas où la commune succomberait; mais cette disposition, qui a été l'objet de nombreuses critiques, est tombée en désuétude (1).

CHAPITRE IV.

VOIES DE RECOURS CONTRE LE REFUS D'AUTORISATION.

La commune n'est pas forcément réduite à l'inaction lorsque le conseil de, préfecture lui a refusé l'autorisation de plaider : elle peut se pourvoir contre cette décision devant le conseil d'État (art. 50 et 53, l. 1837). La loi de 1837 n'a pas établi une innovation, le conseil d'État recevait déjà ces pourvois en vertu de la loi du 28 pluviôse an VIII. L'arrêté portant autorisation peut d'ailleurs être attaqué devant le conseil d'Etat, alors qu'il fait seulement des restrictions sur certains chefs. Il peut enfin l'être par la commune, lorsqu'il a pour objet d'accorder l'autorisation à un contribuable (cons. d'Et., 26 déc. 1868, *ville d'Oloron-Sainte-Marie*) (2).

On s'est demandé si le pourvoi serait admis au cas où le conseil de préfecture omettrait de statuer dans le délai déterminé par l'article 52, car nous avons dit qu'il conserve la faculté de donner l'au-

---

(1) M. Chauveau Adolphe, dans son *Journal du droit administratif*, t. V, p. 216, critique violemment cette exigence du ministère, qu'il appelle une véritable caution *judicatum solvi*.

(2) Voir Reverchon, p. 203.

torisation même après ce délai expiré. Cette question ne s'est pas présentée en pratique ; la doctrine
a décidé que, la loi n'ayant établi aucune procédure
spéciale en cette matière, le maire pourrait seulement en appeler au ministre de l'intérieur par la
voie hiérarchique, et le conseil d'État serait alors
saisi par le ministre. On pourrait aussi attaquer
par la voie contentieuse les arrêtés d'autorisation
entachés d'excès de pouvoir. Mais alors il ne s'agirait plus d'un recours par la voie administrative ;
nous aurons bientôt à examiner quelles sont, dans
ce cas, les règles de procédure à suivre.

Toutes les parties qui auraient qualité pour demander l'autorisation peuvent se pourvoir devant
le conseil d'État contre l'arrêté qui la refuse. C'est
donc principalement au maire que cette obligation
incombe. Ni le ministre de l'intérieur, ni le préfet
n'ont qualité à ce sujet, à moins qu'il ne s'agisse
d'un recours par la voie contentieuse et dans l'intérêt de la loi. Deux arrêts du conseil d'État rendus
sur des espèces particulières sont contraires à notre
doctrine, mais ces arrêts n'ont point fait jurisprudence, et le conseil d'État s'est toujours prononcé depuis en faveur de l'opinion que nous venons
d'émettre (19 déc. 1821 ; 22 nov. 1829) (1). Les
adversaires de la commune ne peuvent non plus
se pourvoir contre le refus d'autorisation, car il
s'agit là d'un acte de protection qui ne porte au-

(1) Voir Dalloz, t. X, n° 1664; Reverchon, p. 205.

cune atteinte à leur droit (cons. d'État, 20 juin 1821, *Dubos-Gohaut c. commune de Saint-Julien*; 31 juill. 1822, *Carel*; 22 juin 1825, *Bernard c. village de Margriot*; 22 juin 1836, *Desprez de Quincy c. comm. de Commissey*; 30 juill. 1839, *Gallot c. comm. de Saint-Maixent*; 30 mai 1868, *comm. de Margerides, section de Lavignac*; 18 nov. 1868, *Grandineau c. comm. de Pezou*) (1).

Les contribuables peuvent aussi eux se pourvoir devant le conseil d'État, mais ils doivent préalablement se faire autoriser; sans cela leur pourvoi serait non recevable (29 févr. 1852, *commune de Saint-Aubin-les-Forges*). Si le conseil de préfecture refusait l'autorisation, ils pourraient aussi se pourvoir contre cet arrêté.

Le maire ne peut former le recours sans une délibération du conseil municipal (art. 50); il doit joindre au pourvoi 1° l'arrêté attaqué, 2° la délibération du conseil municipal, 3° les autres documents à consulter. Cependant la délibération du conseil municipal n'est pas immédiatement exigée; elle peut intervenir plus tard.

Ces pièces peuvent être directement envoyées au secrétariat général du conseil d'État. Le législateur a voulu en effet prendre toutes les précautions pour que les communes puissent former leur pourvoi avant l'expiration du délai de trois mois, après lequel il ne peut plus être reçu; aussi les a-t-il dispensées

(1) Cormenin, 2° édit., t. I, p. 83; Serrigny, t. I, p. 417 et 431; Foucart, 4° édit., t. III, p. 537; Block, *Diction.*, v° ORGAN. COMM.

d'envoyer les pièces par l'intermédiaire du préfet, comme cela se pratique habituellement. Ce serait en effet la voie la plus naturelle, mais non pas la plus courte (1).

Le pourvoi est régulièrement formé par son enregistrement au secrétariat du conseil d'État, et il doit l'être dans les trois mois à dater de la notification de l'arrêté du conseil de préfecture. La notification n'est pas, du reste, absolument nécessaire ; il suffit que la commune ait eu connaissance de l'arrêté refusant l'autorisation (14 avril 1858, *bureau de bienfaisance de Villeneuve-les-Guyards*).

Le pourvoi est introduit et jugé en la forme administrative, la loi de 1837 le dit formellement. Sous l'empire de la loi du 28 pluviôse an VIII, le recours formé contre les décisions des conseils de préfecture en matière d'autorisation de plaider était jugé comme en matière contentieuse ; mais l'ordonnance du 17 mars 1831, sur la procédure à suivre devant le conseil d'État, dispose en termes exprès que les formes de la procédure au contentieux ne sont pas applicables aux autorisations de plaider demandées par les communes et établissements publics. La loi du 18 juillet 1837 a maintenu cette disposition (art. 50-53).

Ce n'est pas sans discussion que le législateur de 1837 a admis ces principes. La Chambre des pairs prétendait que décider si une commune doit

(1) Circulaire du ministre de l'intérieur du 1ᵉʳ juillet 1840 (*Bulletin officiel*, 1840, p. 195); Foucart. 4ᵉ édit., t, III, p. 536.

on ne doit pas introduire une action, se défendre ou ne pas se défendre est évidemment une question contentieuse (1) ; en conséquence, elle proposait de porter l'affaire devant le conseil d'État jugeant au contentieux, en la dispensant seulement de la constitution d'avocat et de tous frais.

Mais, lors de la discussion, une parole éminemment autorisée (2) montra qu'il n'y avait là qu'un acte de protection administrative, et signala les graves inconvénients auxquels on s'exposait en faisant un acte contentieux de ce qui devait rester dans le domaine de l'administration pure et simple. Il fut enfin décidé que le pourvoi serait introduit et jugé administrativement, c'est-à-dire qu'on ne suivrait pas les formes propres au recours contentieux, et que les décisions ne seraient pas rendues par la section du contentieux. La publicité des audiences, la défense orale, la constitution d'avocat ne sont donc pas admises. Cependant les communes peuvent s'aider du concours d'un avocat au conseil, mais celui-ci ne devra pas suivre les formes établies en matière contentieuse (lettre du président du comité de législation, nov. 1839).

Avant 1849, les pourvois contre les autorisations de plaider étaient instruits par le comité de législation et soumis au conseil d'Etat en assemblée administrative ; sous l'empire de la loi du 3 mars 1849, ils furent instruits par le comité de l'inté-

---

(1) Rapport de M. le baron Mounier à la Chambre des pairs, 27 mars 1837.

(2) M. Girod de l'Ain, président du conseil d'État.

rieur et jugés par la section d'administration, qui se composait des comités de l'intérieur, des travaux publics et des finances. Le décret réglementaire sur le conseil d'État du 30 janvier 1852 donna à la section de législation seule la mission de préparer le décret par lequel le chef de l'État statuait sur ces pourvois, à moins toutefois que l'importance de l'affaire n'en déterminât le renvoi à l'assemblée générale.

Le décret du 21 août 1872, portant règlement intérieur du conseil d'État, dit qu'il est statué sur les pourvois concernant les autorisations de plaider par le président de la République, la section de l'intérieur, justice, instruction publique, cultes et beaux-arts entendue (art. 5 comb. avec la loi du 24 mai 1872).

Le conseil d'État, remplissant une véritable mission de protection, peut faire tous les actes d'instruction qu'il croit utiles aux communes ; il peut provoquer l'envoi des pièces et former toutes les demandes interlocutoires que de besoin. Il ne doit rendre aucune décision lorsqu'il n'est pas certain que le conseil de préfecture a statué auparavant (25 fév. 1857, *commune de Parentin-en-Born* ; 4 mai 1867, *Barba et consorts c. comm. de Morsang-sur-Seine*). Comme le conseil de préfecture, il doit, avec beaucoup de soin, examiner si l'action n'est pas contraire à la commune, surtout lorsque l'autorisation est demandée par un contribuable

(18 janv. 1868, *commune de Chassey-lez-Mon-bazon*).

Avant 1837, les pourvois de cette nature étaient soumis à l'examen de trois jurisconsultes. Nous avons dit plus haut que cette formalité n'était plus aujourd'hui exigée (cons. d'Ét. 25 juin 1856, *comm. de Beaumont*). Le conseil d'État se borne maintenant à communiquer le pourvoi au ministre compétent, mais cette communication n'a rien d'obligatoire (1). C'est une sorte de contrôle de l'administration sur ces pourvois, qui, pour la plupart, n'arrivent pas au conseil d'État par son intermédiaire.

Lorsque le recours devient sans objet, le conseil d'État déclare qu'il n'y a pas lieu à statuer ; ceci se présente notamment lorsque le désistement est pur et simple (30 mars 1838, *commune de la Croix-Rousse* ; 18 déc. 1840, *comm. d'Yvetot* ; 23 juill. 1853, *comm. de Coulommiers*). Si cependant le désistement était conditionnel, le conseil d'État statuerait sur le fond (21 mai 1853, *commune de Gilles-les-Citeaux*). Il en serait encore ainsi lorsqu'une transaction est intervenue (30 nov. 1836, *commune de Dornecy* ; 27 mai 1839, *section de Moles-de-Cazères*), ou que, après le pourvoi, le le conseil de préfecture, revenant sur sa décision, a, par un second arrêté, accordé l'autorisation (24 janv. 1827, *commune de Lacabarède* ; 27 janv. 1839, *comm. de Montclus* ; 6 août 1840, *Jacquin*).

(1) Cormonin, t. I, p. 405.

Les décisions du conseil d'État doivent-elles, comme celles du conseil de préfecture, être motivées lorsqu'elles refusent l'autorisation?

Nous avóns dit après quelles discussions cette formalité avait été admise pour les conseils de préfecture. Le texte de la loi ne s'appliquant pas en termes exprès au conseil d'État, la question a fait doute. Avant 1837, les décisions du conseil d'État en cette matière étaient souvent motivées, sans que cependant on pût en déduire une règle générale. M. Reverchon nous apprend que, lors de la promulgation de la loi, le président du comité de législation (1) proposa au conseil d'État d'introduire cette formalité et de motiver les refus d'autorisation ; mais de nombreuses objections, dont la plupart n'étaient que l'écho de celles qui avaient été soulevées lors de la discussion du projet de loi, furent présentées à ce sujet. On craignait surtout de s'appuyer sur des motifs touchant trop à l'examen du fond du droit. Depuis cette époque, il s'est élevé bien des discussions à ce sujet dans le sein du conseil, mais les décisions emportant refus d'autorisation ont toujours été motivées ; on a toujours pris soin néanmoins de s'appuyer sur quelque principe étranger à l'examen du fond de l'affaire. Quant aux décisions accordant l'autorisation, elles ont été quelquefois motivées avant 1837 ; mais, depuis cette époque, le conseil d'État se borne à dire : « Considérant qu'il y a des motifs suffisants pour

(1) M. Vivien, dont l'autorité en cette matière est si considérable.

accorder l'autorisation..... » (26 nov. 1830, *commune de Brux*) (1).

Nous avons dit plus haut que les pourvois étaient introduits en la forme administrative. C'est là une règle absolue, et les communes n'auraient pas la faculté de prendre la voie contentieuse (18 fév. 1836; 2 mars 1837; 2 juin 1837).

Mais il faut bien remarquer que le recours pour excès de pouvoir et incompétence est admis contre les décisions du conseil de préfecture au sujet des autorisations de plaider. Ce recours, à la différence du pourvoi administratif dont nous avons parlé, peut être intenté par les tiers intéressés, par le préfet, par le ministre de l'intérieur dans l'intérêt de la loi, et les règles que nous avons énumérées ne s'appliquent pas, du moins en ce qu'elles ont de contraire, à la procédure générale du recours pour excès de pouvoir. Mais en est-il de même du jugement, et ces affaires doivent elles être exclusivement soumises à la section du contentieux? doivent-elles, au contraire, être jugées en la forme administrative?

Nous nous sommes déjà prononcé pour l'absolutisme des termes de l'article 50; nous croyons qu'ils s'appliquent aussi bien lorsqu'il y a excès de pouvoir qu'en tout autre cas, et que le conseil d'État peut toujours procéder administrativement. Il est possible, en effet, qu'un arrêté

(1) Reverchon, p. 229; Serrigny, t. I, p. 430.

du conseil de préfecture soit attaqué à la fois pour fausse appréciation des droits de la commune et pour excès de pouvoir. D'ailleurs, dans la doctrine opposée à celle que nous soutenons, on ne pourrait appliquer la loi qu'en faisant juger par le conseil d'État la même affaire de deux façons différentes. Enfin, il est de principe que tout acte administratif entaché d'excès de pouvoir peut être attaqué par la partie qu'il lèse, soit devant l'autorité administrative immédiatement supérieure dans la hiérarchie, soit devant le conseil d'État par la voie contentieuse. Or le conseil d'État est le supérieur du conseil de préfecture à un double titre : d'abord comme juridiction, et aussi comme exerçant un pouvoir de protection administrative sur les communes. Il en résulte que le pourvoi contre l'arrêté des conseils de préfecture pour excès de pouvoir peut être porté devant le conseil d'État soit par la voie contentieuse, soit par la voie administrative (1) (5 sept. 1838, *commune de Châtillon d'Azergue* ; 19 févr. 1840, *ville d'Yvetot*).

Le conseil d'État a appliqué cette solution dans les cas très-rares où une commune a eu à former un recours pour excès de pouvoir contre une autorisation qui lui avait été accordée (25 avr. 1845, *Cambessèdes*).

Nous avons dit que le recours doit être formé

---

(1) M. Reverchon nous apprend que cette solution fut adoptée par le conseil d'État dans sa séance administrative du 30 avril 1840, p. 232. — Contra : cons. d'État, 27 janv. 1840, *commune de Marnay*

dans le délai de trois mois ; c'est là une disposition que le conseil d'État applique très-strictement , et chaque année un grand nombre de pourvois sont rejetés parce qu'ils sont formés après l'expiration de ce délai (24 juin 1840, *ville d'Arras* ; 8 mai 1844, *ville de Sceaux* ; 25 décembre 1846, *commune de Cercueil* ; 26 juin 1850 , *comm. de Beaujeux* ;..... 24 mai 1873 , *comm. de Borce* ; 4 juill. 1873 , *comm. de Lugo-di-Nazza*).

Le décret de 1806 et l'ordonnance de 1831, sur la procédure à suivre devant le conseil d'État, établissaient déjà ce délai. Une disposition formelle était nécessaire , car, les autorisations de plaider étant des actes administratifs , on aurait pu , conformément au principe général , former à toute époque recours contre eux ; mais la loi de 1837 a établi en termes exprès que le pourvoi ne pourrait être reçu après trois mois (art. 50 et 53). Le conseil d'État est seul juge des conditions de validité du pourvoi, notamment en ce qui concerne ce délai (l. 30 janv. 1849).

La loi a établi relativement au pourvoi, et dans le but de protéger les droits des tiers, des règles assez analogues à celles que nous avons mentionnées au sujet des demandes adressées au conseil de préfecture. Lorsque la commune est défenderesse, le conseil d'État doit statuer dans le délai de deux mois. Après ce délai, il conserve d'ailleurs son droit de statuer ; mais aussitôt qu'il est expiré, le tiers est entièrement libre de faire tous les actes de procédure qui lui sembleront nécessaires.

Bien qu'on ait invoqué en faveur de cette disposition tous les motifs qui avaient fait adopter l'article 52, elle fut cependant très-fortement combattue lors de la discussion de la loi (1). Elle était
d'autant plus sage que le recours a un effet suspensif.

Le § II de l'article 54 de la loi de 1837 porte :
« En cas de pourvoi contre la décision du conseil
de préfecture, l'instance sera suspendue jusqu'à ce
qu'il ait été statué sur le pourvoi, et, à défaut de
décision dans le délai fixé par l'article précédent,
jusqu'à l'expiration de ce délai ».

Cette exception à la règle générale qui veut .que
le recours au conseil d'État ne soit jamais suspensif
est suffisamment justifiée par la nature de l'acte
attaqué. C'est en effet une chose grave que de forcer
une commune à se laisser juger par défaut, et il
est nécessaire que le pouvoir chargé de la protection
des communes se livre à un examen complet de la
cause avant de prendre une décision définitive à ce
sujet. Le conseil de préfecture a pu méconnaître
certaines chances de succès de l'action, ou bien
même n'en pas avoir connaissance : il faut que
l'instance soit suspendue jusqu'à ce que le conseil
d'État ait donné son avis. Il est bien évident d'ailleurs que le demandeur n'est pas tenu d'attendre

(1) M. le baron Mounier fit surtout valoir à la Chambre des pairs
que le conseil d'État, devant statuer sur les affaires intéressant la
France entière, ne pourrait, dans un délai aussi rapproché, juger
les questions d'un intérêt purement local. MM. Girod de l'Ain et
Villemain soutinrent au contraire cette disposition.

l'expiration du délai de trois mois écrit dans l'article 50, et pendant lequel le pourvoi doit être formé; il peut intenter son action aussitôt que les deux mois fixés par l'article 52 sont expirés. Mais l'instance sera suspendue dès que le pourvoi aura été formé, et cela dans les limites que fixe l'article 54 (1).

Examinons maintenant quel est l'effet de la décision du conseil d'État, soit que le recours ait lieu administrativement, soit pour excès de pouvoir.

Dans le premier cas, le conseil d'État, constatant que le conseil de préfecture a fait une fausse appréciation des intérêts de la commune, annule son arrêté, et donne en même temps à la commune l'autorisation d'ester en justice (loi de 1837).

Mais si le recours a été formé pour excès de pouvoir ou infraction à la loi, le conseil d'État ne procède pas toujours de la même manière. Il peut soit confirmer le refus, et dans ce cas-là pas de difficulté, soit au contraire examiner le fond de l'affaire. Si la cause est en état, il autorise en même temps la commune à ester en justice (6 nov. 1817; 14 juill. 1819; 7 mars 1821; 15 août 1821); mais s'il n'en est point ainsi, il se borne à réformer l'arrêté de refus : alors la commune doit se représenter devant le conseil de préfecture pour obtenir l'autorisation (5 nov. 1823; 1er sept. 1825; 3 déc. 1828).

_____

(1) Blanche, *Diction.*, v° COMMUNE, p. 427; Reverchon, p. 247.

CHAPITRE V.

CONDITIONS ET CARACTÈRES DE L'AUTORISATION.

Nous avons successivement étudié dans quels cas l'autorisation est donnée, quels agents la de mandent et quels conseils la donnent ; nous devons maintenant examiner quelles conditions intrin - sèques doit réunir l'action pour que l'exercice en soit autorisé. Nous connaîtrons ensuite assez l'autorisation pour préciser ses caractères et définir sa nature.

SECTION PREMIÈRE.

CONDITIONS DE L'AUTORISATION.

Les conseils de préfecture ne doivent, dans tous les cas , accorder l'autorisation qu'à la suite d'un examen sérieux. Sur quoi doit porter cet examen, et pour quels motifs peuvent-ils refuser l'autorisation ? tel est l'objet de cette section.

Il est évident, tout d'abord, que l'autorisation doit être refusée lorsque la commune n'a pas qualité pour intenter ou soutenir l'action, ou bien encore lorsqu'il s'élève contre elle quelque fin de non-recevoir qui la ferait inévitablement rejeter (7 mai 1823 , *fabrique de Baume* ; 24 juin 1829 , *com-*

mune de Loizy-sur-Marne ; 24 juin 1840, *fabrique de Saint-Jacques de Perpignan* ; 5 sept. 1842, *fabrique de Lussas* ; 24 janv. 1849, *hospice de Rodez*) (1).

Mais c'est surtout sur les chances de succès de l'action que doit porter l'examen du conseil de préfecture ; aussi la plupart des refus d'autorisation sont-ils presque exclusivement motivés sur le défaut d'intérêt (2) et l'absence de chances de succès (28 mars 1855, *commune de Boos* ; 4 juin 1855, *ville de Sarlat* ; 6 avr. 1872, *de Romeu et consorts* ; 3 juin 1873, *commune de Rozoy-le-Vieil* ; 29 juill. 1873, *Barodet, maire de Lyon* ; 21 mai 1874, *ville de Gisors*) (3).

Le conseil de préfecture exerce là une mission de protection : il est naturel, si la contestation lui paraît sans fondement, qu'il interdise à la commune de l'entreprendre. Quel est, en effet, le but de la loi, si ce n'est d'empêcher la commune de se lancer dans une voie dangereuse ?

Cependant ce pouvoir d'appréciation peut entraîner les conseils de préfecture à juger le fond même du litige, mais ils doivent s'en abstenir avec grand soin ; les décisions rendues contrairement à cette règle sont toujours annulées pour cause d'in-

---

(1) Blanche, *Diction.*, v° COMMUNE ; Reverchon, p. 157 ; Chauveau Adolphe et Tambour, t. II, p. 231, 5° édit

(2) Cormenin, t. II, p. 139, note 1 § 1.

(3) Il intervient chaque année de nombreuses décisions du conseil d'État ainsi motivées ; nous en citons seulement quelques-unes a titre d'exemple.

compétence (9 déc. 1810, *commune de Jermaire*; 6 nov. 1817, *Jacomet*; 27 oct. 1819, *comm. de Pont-de-Jeanne*). Il devrait en être ainsi alors même que le conseil de préfecture pourrait connaître du fond en sa qualité de tribunal administratif, car il n'a pas été saisi comme tribunal, et ne peut se saisir lui-même (11 juill. 1845, *commune de Vielmur*; 7 avr. 1846, *de Rohan-Chabot*; 25 mars 1848, 9 févr. 1850, *comm. de Dieppe*; 7 août 1869, *comm. de Coppel*).

Il faudrait cependant faire une exception au cas où le conseil de préfecture serait saisi du fond du litige par les conclusions de la commune elle-même : elle ne pourrait alors attaquer l'arrêté pour excès de pouvoir; c'est du moins ce qu'a décidé le conseil d'Etat (23 juill. 1849, *commune d Offendorf* c. *Braun et consorts*). Il faut enfin, pour qu'il y ait lieu de prononcer la nullité de la décision, que ce soit le dispositif même de l'arrêté du conseil de préfecture qui apprécie le fond de l'affaire (14 janv. 1841, *commune de Saint-West-Dieppedale*) (1).

C'est probablement dans la crainte de voir les conseils de préfecture pousser ce pouvoir d'appréciation trop loin, et empiéter ainsi sur les prérogatives de l'autorité judiciaire, que le conseil d'Etat avait, sous l'empire de la loi du 28 pluviôse an VIII,

(1) Voir en ce sens : Block, *Diction.*, v° ORGAN. COMM.; Blanche, v° COMMUNE; Reverchon, p. 165. — Un arrêt du conseil d'État en sens contraire (23 janv. 1828, *commune du Petit-Quevilly*) n'a pas fait jurisprudence.

'refusé parfois à ces conseils le droit d'appréciation. Mais à partir de 1807, la jurisprudence leur a toujours accordé cette faculté (31 mars 1842; 11 févr. 1851 ; 2 nov. 1852, etc.).

La demande en autorisation ne forme pas une instance contentieuse obligeant les tiers ; il s'ensuit que, si le conseil de préfecture peut s'éclairer par toute sorte de moyens, descentes sur les lieux, levés de plans, etc., il ne peut prendre ces mesures par des jugements interlocutoires (C. cass., nov. 1817).

Mais le conseil de préfecture peut et doit examiner si, au fond, les faits allégués, les titres, les moyens produits ne sont pas suffisants pour faire triompher les intérêts de la commune, et, à cet effet, il peut même demander communication des titres de l'adversaire (13 août 1823, *commune de Saint-Baudel*).

L'insolvabilité du débiteur, ou des circonstances analogues montrant que le procès n'aurait aucun résultat utile pour la commune, pourraient encore faire l'objet d'un refus (9 sept. 1818, *commune d'Azé* c. *Gomeret*). Mais, pour peu que l'action à intenter présente quelques chances de succès, l'autorisation doit être accordée. Il ne faudrait pas cependant aller jusqu'à dire que l'autorisation ne doit être refusée à la commune que sur la manifeste injustice ou la complète nullité de ses moyens (1).

_____

(1) Cormenin, t. I, p. 401, note 1.

En ce qui concerne les demandes formées par les communes défenderesses, les refus d'autorisation doivent être beaucoup plus rares, car il vaut mieux permettre à la commune de se défendre que de l'exposer à subir par défaut une condamnation à peu près certaine. Cependant le conseil d'Etat maintient le principe et refuse quelquefois l'autorisation (1).

Les conseils de préfecture peuvent d'ailleurs, ainsi que le conseil d'Etat, surseoir à statuer, ou déclarer qu'il n'y a pas lieu, quant à présent, d'autoriser la commune. C'est notamment ce qui se présentera lorsqu'il sera utile d'essayer une transaction, ou lorsqu'une question préjudicielle devra être préalablement décidée.

Enfin il est bien évident que, pour qu'il y ait lieu d'accorder l'autorisation, il est nécessaire que l'action à intenter soit de nature à exiger cette autorisation. S'il s'agissait d'une action possessoire, d'une contestation administrative, l'autorisation ne devrait pas être accordée, et, dans ce dernier cas, le conseil de préfecture devrait refuser l'autorisation de porter l'action devant l'autorité judiciaire, mais non se déclarer compétent, car nous avons vu que, comme tous les tribunaux, il ne peut se saisir lui-même (cons. d'Etat, 11 juill. 1845 ; 7 avr. 1846 ; 9 fév. 1850 ; 14 juin 1861, *commune de Daigny* ; 19 mai 1866, *ville de Paris*).

---

(1) M. de Cormenin dit qu'il n'y a pas d'exemple d'autorisation refusée à des communes défenderesses (voir *loco citato*).

Malgré le danger qu'il y a à motiver ces décisions, la jurisprudence du conseil d'État a toujours exigé cette formalité, qui touche cependant de si près au règlement des conflits (31 août 1837, *fabrique de Digne ;* 30 juill. 1839, *sect. de Duranville ;* 29 janv. 1840, *fabrique de Chapelle-aux-Choux;* 11 févr. 1842, *ville d'Avignon ;* 9 juin 1843, *ville de Joigny ;* 27 déc. 1844, *hospice de Tulle ;* 24 juill. 1845, *comm. de Batignolles ;* 1ᵉʳ mai 1846, *ville de Reims ;* 23 nov. 1847, *Normand ;* 11 déc. 1848, *fabrique de Sisteron,* etc.).

Du reste, lorsqu'à des questions du domaine judiciaire se mêlent d'autres questions du domaine administratif, l'autorisation peut être accordée sous la réserve des questions administratives (26 déc. 1839 ; 14 janv. 1841 ; 25 avr. 1845). Le conseil d'État s'est même borné souvent à limiter l'autorisation à la présentation de l'exception d'incompétence (7 août 1843 ; 20 avril 1847 ; 30 janv. 1854, *commune de Saint-Maurice-sur Aveyron).*

Ceci nous amène tout naturellement à décider que le conseil de préfecture peut accorder l'autorisation pour partie et la refuser pour partie. Cette question peut se présenter sous plusieurs hypothèses différentes de celle que nous venons d'indiquer.

Lors, par exemple, que la demande présente plusieurs chefs, l'autorisation peut être accordée pour l'un de ces chefs et refusée pour les autres. On pourrait objecter que le conseil de préfecture n'a pas le droit d'imposer à la commune l'obligation de se servir de certains moyens plutôt que d'autres. Mais il ne faut pas confondre les divers chefs de la demande avec les moyens présentés pour les faire triompher ; un chef constitue en effet une demande séparée, et l'autorisation accordée à son sujet ne préjuge rien des moyens qui pourront l'appuyer et dont le libre usage est laissé aux communes (24 janv. 1827, *commune de Meyrargues* ; 5 mars 1841, *fabrique de Périgueux* ; 24 oct. 1843, *comm. de Saint-Mérial* et *de Roquefeuil* ; 31 janv. 1848, *comm. de Pagny* ; 21 mars 1874, *ville de Gisors* ; arrêté du conseil de préfecture de la Gironde du 6 août 1853, *comm. des Billaux*).

On a même autorisé une commune à plaider seulement sur la compétence (cons. de préfecture de la Haute-Garonne ; voir aussi 31 janv. 1848, *commune de Pagny-le-Château c. Barthélemy*).

Lorsque la commune est défenderesse et que le conseil de préfecture a limité l'autorisation à quelques-uns des chefs de la demande, le tribunal statuera par défaut sur les autres chefs ; il en sera de même si le demandeur soulève au cours de l'instance de nouvelles prétentions (Lyon, 29 janv. 1850). Si le mémoire n'avait pas été préalablement déposé, le conseil de préfecture devrait déclarer qu'il n'y a pas lieu, quant à présent, à autoriser la commune, ou du moins surseoir à statuer (8 juill. 1840 , *commune de la Calmette*) (1).

(1) M. Reverchon pense qu'il serait préférable d'autoriser la com-

L'autorisation peut d'ailleurs être conditionnelle, mais elle ne peut être accordée pour des points sur lesquels la commune ne l'a pas sollicitée. Le conseil de préfecture n'a d'autre ressource, en ce cas, que d'attirer sur ces points l'attention du conseil municipal par l'intermédiaire du préfet.

L'examen du conseil de préfecture devra être beaucoup plus approfondi lorsque l'autorisation est demandée par un contribuable ; car il pourrait arriver que la commune, pour échapper aux conséquences d'un procès douteux, mette en avant un individu insolvable.

SECTION II.

CARACTÈRES DE L'AUTORISATION.

Nous avons déjà eu l'occasion, dans le cours de cette étude, de faire ressortir les caractères particuliers de l'autorisation, et nous en avons tiré de nombreuses conséquences. Il nous a paru nécessaire de les réunir sous un même titre, afin de les rendre plus frappantes.

L'autorisation constitue un acte de protection administrative, et non un jugement. Les conseils de

mune à défendre, pour se prévaloir de l'irrégularité commise par son adversaire (p. 190) — M. Foucart admet que la commune pourrait se faire autoriser à défendre sur le fond, malgré le défaut de dépôt du mémoire (t. III, 4e édit., p. 542).

préfecture agissent en cette matière en vertu d'un pouvoir qui leur est propre, comme conseils administratifs, et non comme tribunaux.

De ce principe découlent un grand nombre de conséquences, dont nous allons étudier les principales.

L'autorisation ne préjuge en rien la légitimité de l'action; elle n'a qu'un but, autoriser la commune à ester en jugement. Le conseil de préfecture et le conseil d'État doivent évidemment examiner le fond du droit, car il leur est impossible d'exercer leur protection d'une manière effective sans cela; mais là se borne leur droit, et ils doivent bien se garder de statuer sur le fond; nous avons cité de nombreuses décisions du conseil d'État venant à l'appui de cette proposition (9 févr. 1850, *commune de Dieppe* c. *Moulinet*).

De ce que les décisions des conseils de préfecture ne sont pas des jugements, il résulte notamment qu'ils ne peuvent obtenir force de chose jugée, et que, malgré la déchéance du droit de recours dont parle l'article 50 de loi du 18 juillet 1837, les arrêtés qui refusent l'autorisation peuvent toujours être rétractés, même lorsque le conseil d'État les a ratifiés; car la mission de protection ne serait pas remplie si le conseil de préfecture ne pouvait, lorsqu'il est éclairé par de nouveaux détails, donner son autorisation à la commune (1) (6 sept. 1826; 15 févr. 1832; 29 janv. 1840; 22 févr. 1838; 10 févr. 1842).

(1) Chauveau Adolphe, *Principes de compétence*, t. II, p. 103.

Avant 1837, les conseils de préfecture étaient
maîtres de revenir à toute époque sur leur refus
d'autorisation, tant qu'un jugement irrévocable
n'était pas intervenu. Mais la loi de 1837 ayant
établi un délai de trois mois, à peine de déchéance,
pour intenter le pourvoi contre les arrêtés de refus,
il s'ensuit qu'ils ne peuvent revenir sur cette décision que dans ces limites.

Par conséquent, si la commune présentait, après
avoir laissé passer les délais, une demande repo-
sant sur les mêmes motifs, elle devrait être repoussée par une fin de non-recevoir basée sur l'examen
antérieur (1er juill. 1839, *commune du Bourg-Saint-
Léonard*). Mais si la commune avait découvert de
nouveaux titres et présentait d'autres moyens, le
conseil de préfecture devrait une seconde fois examiner l'affaire ; car, dans cet état, elle pourrait être
avantageuse pour la commune, et il pourrait y avoir
lieu de donner l'autorisation. La commune aurait
le droit de se pourvoir contre ce second arrêté s'il
rejetait sa demande (1).

Mais l'autorisation ne peut être révoquée tant
que l'instance est pendante (2). Nous pensons,
bien qu'on ait soutenu le contraire (3), qu'elle peut
être révoquée lorsque les choses sont encore en-

---

(1) Reverchon, p. 135 ; Block, *Diction.*, v° ORGANISAT. COMM.;
Blanche, *Diction.*, v° COMMUNE.

(2) Serrigny, t. I, p. 406 ; Dalloz, *Répert.*, v° COMMUNE, n° 1562;
Reverchon, p. 137 ; Cormenin, t. II, p. 147, note 1 *in fine*.

(3) Chauveau Adolphe, 2ᵉ édit., t. II, p. 216 ; Blanche, *Diction.*,
v° COMMUNE, p. 426.

tières, car il faut que le conseil de préfecture puisse, s'il s'aperçoit que sa décision est contraire à la commune, la modifier tant qu'on n'en a pas fait usage. Ceci est, du reste, la conséquence logique de la solution que nous avons admise lorsque l'autorisation est refusée (12 févr. 1823, *ville de Poitiers* c. *Mathé*; 2 mai 1837, *commune de Nalliers*).

D'ailleurs, même au cas de refus, la commune peut, avant de se pourvoir, demander au conseil de préfecture la rétractation de sa décision.

Quand le refus est attaqué devant le conseil d'État, nous savons qu'il doit l'être administrativement, et non par la voie contentieuse ; c'est encore là une conséquence de la nature particulière de l'autorisation, car s'il s'agissait d'un acte administratif proprement dit, il devrait, en vertu des principes généraux, être attaqué par la voie contentieuse (1).

Enfin nous devons rappeler que les tiers n'ont pas qualité pour attaquer les arrêtés emportant autorisation ou la refusant. Cette formalité, en effet, n'intéresse que la commune, et personne n'a intérêt à l'attaquer. Il serait d'ailleurs peu conforme à l'esprit de la loi qu'un tiers vînt protester contre la protection qu'elle accorde aux communes.

Cependant nous avons dit que cette règle souffrait une exception, et que les tiers avaient qualité pour attaquer l'arrêté statuant sur l'autorisation, lorsqu'il s'agissait d'excès de pouvoir ou de violation

(1) Ducrocq, t. I, 5ᵉ édit., p. 219.

de la loi. C'est qu'en effet l'exécution de la loi importe à tous, et que d'ailleurs les règles générales du recours pour excès de pouvoir et incompétence dominent les règles particulières écrites dans la loi de 1837 (cons. d'État, 23 déc. 1815, *Vanier*; 22 févr. 1821, *Lepelletier de Morfontaines*; 31 juill. 1822, *Carel*; 12 juin 1825, *Bernard*; 23 mai 1830, *Salles*; 17 janv. 1831, *Coullet*; 27 août 1833, *Boufflers*; 10 nov. 1835, *Boirot*; 2 juin 1836, *Desprez*; 22 févr. 1838, *Serre*; 30 juill. 1839, *Gallot*; 8 juin 1842, *Maupuy*).

CHAPITRE VI.

DES CAS OU IL N'Y A PAS EU AUTORISATION, ET DES CAS OU ELLE A ÉTÉ REFUSÉE.

SECTION PREMIÈRE.

CAS OU IL N'Y A PAS EU AUTORISATION.

Le défaut d'autorisation produit une fin de non-recevoir contre la commune demanderesse, et un moyen de nullité contre les jugements intervenus (1).

L'adversaire de la commune peut refuser de procéder contre elle lorsqu'elle n'a pas été autorisée. Il peut d'ailleurs proposer cette exception

(1) Mais il ne donne pas au préfet le droit d'élever le conflit.

in limine litis (art. 173 C. proc.), comme aussi en appel. Enfin il peut, s'il le veut, renoncer à son droit et plaider contre la commune, bien qu'elle ne soit pas autorisée, sans préjudice du droit de cette dernière qui pourra toujours faire valoir qu'elle n'a pas été protégée. Quant à la nullité qui résulte du défaut d'autorisation, elle peut être invoquée soit par la commune, soit par le tiers en procès avec elle.

La commune peut se prévaloir de cette nullité en tout état de cause : c'est en effet une nullité d'ordre public (1) ; elle peut être invoquée en première instance, en appel, et même pour la première fois devant la Cour de cassation. On ne peut opposer à la commune aucune renonciation, expresse ou tacite, qu'elle soit demanderesse ou défenderesse (C. cass. 25 juill. 1825, *commune d'Erp* ; 24 juin 1829, *comm. de Piana* ; 17 nov. 1835, *sect. de la comm. de Trelans* ; 14 janv. 1840, *comm. de Claix* ; 30 juill. 1861, *comm. de Saint-Lary* ; Cour de Besançon, 22 déc. 1808, *comm. d'Emagny*) (2).

Cette nullité, étant d'ordre public, ne saurait être en aucun cas couverte vis-à-vis de la commune, alors même qu'autorisée seulement en appel, elle aurait plaidé devant la Cour sans demander la nullité, et sans qu'on puisse objecter que ses administrateurs avaient consenti à la défendre (cons. d'État, 3 déc. 1855, *commune de Bénevent c. Jabely*). La Cour de

(1) Boncenne, *Théorie de la procédure*, t. II, p. 226.
(2) Voir Cormenin, t. I, p. 409 ; Serrigny, t. I, p. 420 ; Reverchon, p. 264 ; — contra : C. cass , 7 nov. 1868, *commune de la Poterie*.

cassation a même décidé que l'autorisation donnée pour défendre au pourvoi en cassation ne couvre pas le vice résultant du défaut d'autorisation pour l'instance antérieure (C. cass., 12 frim. an XIV, *commune de Pamproux*) (1).

Mais en est-il de même de l'adversaire de la commune : peut-il, aussi lui, invoquer cette nullité en tout état de cause ? ou, en d'autres termes, s'agit-il ici d'une nullité absolue ou d'une nullité relative ?

Nous avons déjà dit que l'adversaire de la commune pouvait lui opposer le défaut d'autorisation avant même toute défense au fond (Bordeaux, 23 juill. 1830, *Marchand c. commune de Montcarret*) (2) ; mais est-il recevable à présenter ce moyen, pour la première fois, même devant la Cour de cassation ? Cette Cour l'avait ainsi jugé jusqu'en 1828 (C. cass., 16 prairial an XII, *commune de Lusigny* ; 26 messidor an XIII, *comm. de Droup-Saint-Basle* ; 9 nov. 1808, *comm. de Montéplain* ; 21 juill. 1813, *comm. de Ville-aux-Bois* ; 2 juin 1817, *comm. de Montpezat* ; 9 mars 1818, *comm. de Bourg-en-Montagne* ; 22 févr. 1820, *comm. de Carvin-Epinoy* ; 8 avril 1829, *comm. de Bay* ; etc.).

Mais elle est revenue sur cette jurisprudence, et,

_____

(1) Voir en sens contraire un arrêt de la Cour de cassation du 1er août 1837, *commune de Saint-Germain-le-Rocheux*, critiqué d'ailleurs par le *Journal du palais*, année 1837, t. I, p. 386, et un arrêt du 5 novembre 1860, *héritiers Legras*.

(2) Foucart, 4e édit., t. III, p. 537.

assimilant la commune au mineur, elle a pensé que l'autorisation était requise uniquement dans son intérêt, et que l'adversaire qui ne s'en était pas prévalu au cours de l'instance ne pouvait plus s'en prévaloir en cassation (C. cass., 27 nov. 1828, *commune de Paranquet* ; 7 mai 1829, *comm. d'Asnau* ; 14 juin 1832, *comm. de Saint-Georges* ; 2 fév. 1833, *sect. de Berval, comm. de Bonneuil* ; 15 avril 1833, *comm. de Rouffach* ; 23 juin 1835, *comm. d'Appeville* ; 4 mai 1836, *comm. de Saint-Hilaire* ; 2 juin 1836, *ville d'Amiens* ; 30 mai 1837, *comm. d'Aubigny* c. *habitants de la Sole* ; 17 déc. 1838, *comm. de Ville-lez-Aubry* (1) ; 22 juill. 1851 ; 27 nov. 1872, *Carly* c. *com. de Quarré-les-Tombes*). Malgré cette jurisprudence formelle, nous n'hésitons pas à penser qu'il y a là une nullité absolue qui peut être invoquée par toute personne et en tout état de cause. Nous ne croyons pas, en effet, qu'on puisse se prévaloir de l'article 1125 du Code civil pour dire que le défaut d'autorisation ne produit qu'une nullité relative, et nous ne pensons pas que l'assimilation qui a été faite par la jurisprudence entre la tutelle des mineurs, des interdits et la protection accordée aux communes soit justifiée.

On a cependant qualifié cette protection de « tutelle administrative » ; cette expression est entièrement fausse, comme l'assimilation qu'elle invoque. Les motifs qui ont dicté les deux institutions sont

(1) Cormenin, *Appendice*, p. 44, Foucart, 3ᵉ édit., t III, p. 101 ; Reverchon, p. 265.

en effet différents, comme les institutions elles-
mêmes. La soi-disant tutelle administrative a été
établie non-seulement pour protéger la commune,
être moral, contre les entreprises des tiers, mais
aussi dans un intérêt public et pour protéger tous
les habitants qui sont intéressés à la bonne gestion
du patrimoine communal. L'incapacité du mineur,
au contraire, a pour base son propre intérêt ; elle a
pour but de remédier à son état d'infériorité physique. On comprend donc que lui seul soit admis
à dire qu'il n'a pas été suffisamment protégé. La
différence est profonde en ce qui concerne les
communes. Celles-ci ont à leur tête des agents et
des conseils qui, s'ils n'ont pas toujours une complète connaissance du droit, sont du moins initiés
à la pratique des affaires ; on ne peut donc dire que
la commune se trouve dans un état d'infériorité
comparable à celui du mineur. Singulier mineur,
d'ailleurs, que celui qui ne peut être forcé de faire
aucun acte, de plaider par exemple, sans une déclaration formelle de volonté ! On peut donc conclure que c'est l'intérêt général, et non l'intérêt
particulier, qui a dicté les précautions administratives qui protégent les communes, et il est logique,
dès lors, que les tiers puissent invoquer les nullités
établies par la loi en faveur de la commune.

En ce qui concerne l'article 1125, on comprend
facilement que les tiers qui ont trompé le mineur,
qui ont abusé de l'inexpérience de la femme
mariée, ne puissent demander la nullité de leurs

actes en avouant qu'ils ont trompé le mineur et que la loi ne l'a pas suffisamment protégé. L'incapable est en effet seul juge de cette question ; c'est dans son intérêt et pour lui seul que la loi a établi ces mesures de protection ; c'est donc à lui seul de juger si elles ont été appliquées et l'ont suffisamment garanti.

Mais, à l'égard de l'autorisation de plaider, il n'en est pas ainsi ; il s'agit en effet d'une mesure d'ordre public, d'une mesure qui protége tous les citoyens en protégeant la commune ; il n'y a donc aucune raison pour assimiler ces deux cas.

D'ailleurs, tout le monde admet que la nullité qui résulte du défaut d'autorisation est d'ordre public ; or le caractère principal de ces nullités est de pouvoir être invoquées par toute personne et en tout état de cause. C'est là un principe général, et il faudrait une disposition spéciale pour y déroger ; or la loi de 1837 n'en contient aucune de cette sorte (1).

Lorsque la commune a perdu son procès et n'a pas été autorisée, deux voies lui sont offertes : elle peut d'abord attaquer le jugement par la requête civile (art. 481 C. proc.) ; de plus, le pourvoi en cassation lui est ouvert d'après une jurisprudence constante (24 juin 1829, *commune de Piana* ; 17 nov. 1835 ; 14 janv. 1840).

(1) Cette thèse a été très-vigoureusement soutenue par M. Chauveau Adolphe (voir *Journal des avoués*, 2ᵉ édit., t. III, p. 704) ; M. Tambour l'a aussi admise dans la 5ᵉ édition du *Code d'instruction criminelle*, qu'il a réédité après le décès de M. Chauveau Adolphe. M. Reverchon évite de se prononcer sur ce point ; il semble cependant favorable à la jurisprudence.

Si, par hasard, un maire plaidait sans autorisation, il devrait être condamné à payer les frais du
procès ; ainsi l'ont décidé un décret impérial du
17 mars 1811 et un arrêt de la Cour de Paris du
7 décembre 1825.

Nous ne croyons pas, bien que le contraire ait
été jugé (1), qu'une commune puisse, sans autorisation, exciper en justice de ce qu'elle n'a pas été
autorisée à défendre sur le fond de la contestation.

SECTION II.

CAS OU L'AUTORISATION A ÉTÉ REFUSÉE.

Le maire ne peut, en aucun cas, plaider lorsque
l'autorisation lui a été refusée et que les voies de
recours sont épuisées. On doit décider ainsi alors
même que le conseil municipal aurait, par une délibération postérieure à la décision du conseil de préfecture, autorisé le maire à ester en justice (Cass.,
18 août 1840). Le maire supporterait les frais dans
le cas où il viendrait à agir dans ces conditions.

La commune est donc complétement réduite à
l'inaction ; cependant les résultats ne sont pas les
mêmes suivant qu'elle est demanderesse ou défenderesse.

Dans le premier cas, l'action est radicalement
non recevable, si le conseil de préfecture n'a pas

(1) Cour de Rennes, 22 août 1820, *Damour c. commune de Redon.*

donné son autorisation ; c'est à celui qui plaide contre la commune à s'assurer de l'accomplissement de cette formalité. Le tribunal ne peut alors statuer sur le fond ; il doit déclarer la commune non recevable, et peut, sur les conclusions de l'adversaire, condamner personnellement le maire aux dépens (C. de Bastia, 13 nov. 1823, *Cesari c. Dono*) (1).

Si, au contraire, la commune est défenderesse, la loi de 1837 ne laisse aucun doute sur la procédure à suivre : le demandeur, après avoir présenté son mémoire, n'a plus qu'à attendre l'expiration du délai de l'article 54, après quoi il peut agir en justice contre la commune, qui, cette fois, est régulièrement défenderesse ; mais comme il lui est impossible d'agir sans l'autorisation, il s'ensuit qu'elle sera jugée par défaut. Elle pourra d'ailleurs faire opposition ou interjeter appel dans le délai fixé par la loi. Si par hasard un jugement contradictoire intervenait contre une commune défenderesse non autorisée, il devrait être annulé, et les frais mis à la charge de l'avoué du demandeur et de celui de la commune (C. de Metz, 16 janv. 1855, *commune de Wourtville c. Nanot*).

La commune conserve le droit de faire opposition tant qu'il n'y a pas eu exécution. En effet, lorsqu'elle n'est pas autorisée, elle ne peut faire aucun

(1) M. Serrigny pense que les tribunaux devraient renvoyer le défendeur par défaut-congé. Il faut remarquer que c'est là une voie qui préjuge sur le fond.

acte de procédure ou d'opposition ; par conséquent aucune déchéance ne peut s'acquérir contre elle. Il en résulte qu'elle conservera le droit de faire opposition même après que le jugement par défaut aura été exécuté (C. cass., 11 avr. 1855, *Lesenne c. commune de Fleury*) (1).

Il résulte de tout ce que nous venons de dire, et des termes de l'ordonnance de 1828 (art. 3) établissant que le défaut d'autorisation ne peut donner lieu à conflit, que l'autorité judiciaire se trouvera juge de l'accomplissement des formalités exigées pour que les communes soient entendues en justice.

Cette mission présente de nombreuses difficultés, et l'on voit de prime abord combien il est difficile de la concilier avec le principe de la séparation des pouvoirs. La jurisprudence de la Cour de cassation le montre bien par ses variations.

Les auteurs les plus autorisés ont cherché, mais en vain, à concilier (2) les divers arrêts rendus par la Cour suprême sur cette question.

Nous croyons qu'il faut appliquer ici les conséquences générales du principe de la séparation des autorités administratives et judiciaires. Sans doute, l'autorité judiciaire est impuissante en présence des actes administratifs, et elle ne peut les réformer en quoi que ce soit ; mais elle est juge de leur légalité, elle a le pouvoir de les apprécier.

_____

(1) MM. Chauveau Adolphe et Tambour pensent que ce principe ne saurait être admis d'une façon absolue (p. 559, t II, 5e édit.).

(2) Reverchon, p. 277.

L'autorisation ne concerne que la personne morale, dont elle complète la capacité ; mais il appartient aux adversaires de ces personnes morales de s'assurer de leur capacité. La question n'est point autre ici que lorsqu'il s'agit d'un incapable du droit civil. Si l'on permet au plaideur d'exciper de la qualité de son adversaire devant le pouvoir judiciaire, il faut bien permettre à ce pouvoir d'apprécier cette qualité, et ceci est d'autant plus nécessaire pour les adversaires des personnes morales qu'ils n'ont, nous l'avons dit, aucune voie administrative pour réclamer contre le refus d'autorisation. Il est évident, puisque la commune n'a aucune capacité lorsqu'elle n'est pas autorisée, et ne peut en ce cas se présenter devant les tribunaux, qu'il faut donner au pouvoir judiciaire le droit d'apprécier sa capacité, et par suite l'acte qui la lui accorde, l'autorisation ; et ceci d'une façon générale, quelque moyen de nullité que présentera l'adversaire de la commune contre cet acte d'autorisation.

Par exemple, si la commune a été autorisée *pro parte,* le tribunal judiciaire devra évidemment déclarer la commune non recevable pour les chefs sur lesquels l'autorisation ne s'est pas expliquée ; il devrait encore la déclarer non recevable si son autorisation n'était pas valable, par exemple si elle avait été accordée sans l'avis du conseil municipal, ou encore par un seul conseiller de préfecture. La Cour de cassation a jugé, le 13 juin 1838 (ch. des req., *de Riberolles et Mignot c. comm. d'Arcouzat)*, que les tribunaux n'étaient pas compétents pour déclarer irrégulière l'autorisation donnée à un syndic au lieu de l'être au maire ou à un conseiller municipal ; mais cet arrêt, rendu dans un cas tout à fait exceptionnel et extraordinaire (1), n'a pas fait jurisprudence, et, le 16 février 1841 (ch. civ., *sect. de Givrette c. Lespinaux)*, la Cour de cassation revenait à la jurisprudence qu'elle suivait avant 1838, et accordait aux tribunaux judiciaires le droit d'appréciation (29 juill. 1823, *commune de Civray ;* 16 avril 1834, *comm. de Saint-Bresson c. Grosjean ;* 17 juin 1834, *comm. de Savianges c. Dulac ;* 21 nov. 1827, *Martin c. comm. de Theaugé)* (2). Nous devons remarquer toutefois que la Cour de cassation semble revenir à son ancienne jurisprudence, critiquée d'ailleurs par les meilleurs auteurs (3).

Cependant l'autorité judiciaire devrait se déclarer incompétente lorsque l'adversaire attaque les motifs qui ont dicté au conseil de préfecture l'arrêté d'autorisation, car alors les tribunaux ne se borne-

(1) Ce sont les termes mêmes du rédacteur du *Journal du palais*, critiquant cet arrêt (1838, t. II, p. 317).

(2) *Civray :* autorisation sans délibération du conseil municipal; *Saint-Bresson :* autorisation donnée en première instance pour l'appel; *Savianges* et *Theaugé* . adjoint désigné pour suivre l'action en première instance et en appel. — Voir en ce sens Macarel, observations à la suite de l'ordonnance du 23 mai 1830, *Recueil des arrêts du conseil,* t. XII, p. 254 ; Chauveau Adolphe, *Principes de compétence,* t. I, p. 46, et t. II, p. 98.

(3) Voir C. cass., 6 mars 1855 ; 18 janv. 1869. — M. Ducrocq critique cette jurisprudence (t. II, 5e édit., p. 616).

raient pas à apprécier, ils commettraient une véritable immixtion dans le domaine administratif et prendraient absolument la place du conseil de préfecture ; ils n'apprécieraient plus la légalité de l'acte, mais bien l'acte lui-même, ce qui est tout différent. Enfin, et ceci ne résulte pas des principes que nous émettons, l'autorité judiciaire ne pourrait apprécier une question dont l'autorité administrative est déjà saisie (C. cass. 30 janv. 1849, *commune de Saint-Jean-de-Boyeaux* c. *Pradel*). Il faut conclure de ce que nous venons de dire que, si l'autorité judiciaire a un pouvoir très-large d'appréciation en ce qui concerne la légalité et la régularité des arrêtés accordant l'autorisation de plaider, elle ne doit point s'immiscer dans ces actes et leur toucher en quoi que ce soit ; son droit se borne à constater leur irrégularité, mais c'est à l'autorité administrative seule qu'il appartient de les réformer (1).

---

(1) M. Reverchon constate bien qu'en principe l'autorité judiciaire peut et doit apprécier les conséquences du défaut ou du refus d'autorisation, mais il pense que cette autorité ne peut, en cas de doute, critiquer le sens ou la régularité de l'autorisation, en donner l'interprétation ou en prononcer l'annulation. En définitive, il n'admet la compétence judiciaire que dans le cas où il s'agit d'apprécier la qualité du représentant donné à une commune. C'est sur cette espèce que sont intervenues deux décisions de la Cour de cassation en sens contraire, le 13 juin 1838 et le 16 février 1841 (voir *loco citato*).

CHAPITRE VII.

SECTIONS DE COMMUNE ET COMMUNES RÉUNIES.

SECTION I.

SECTIONS DE COMMUNE.

La loi n'a donné aucune définition des sections de commune, mais les auteurs en ont au contraire donné plusieurs.

MM. de Gérando, de Cormenin et Laferrière semblent ne reconnaître l'existence d'une section de commune qu'à la condition qu'elle ait des intérêts, des droits de propriété, de jouissance distincts et séparés (1). La jurisprudence a constaté que la section était indépendante de toute division territoriale et se rattachait seulement aux relations et intérêts unissant les habitants.

M. Ducrocq définit la section de commune « toute fraction de commune ayant des droits et un patrimoine distincts de cette commune... ».

« La section de commune, ajoute cet auteur, n'est ni une circonscription, ni une unité administrative, mais elle est une personne morale » (2).

---

(1) De Gérando, *Institutes de droit administratif*, 2ᵉ édit., t. V, p. 439; de Cormenin, *Droit administratif*, 5ᵉ édit., t. I, p. 415; Laferrière, 3ᵉ édit., p. 594. Voir aussi Dalloz, 2ᵉ édit., t. X, p. 31.

(2) Ducrocq, *Droit administratif*, 5ᵉ édit., t. II, p. 578.

M. Reverchon, s'appuyant sur l'opinion émise par M. Vivien lors de la discussion de la loi de 1837 et sur un avis du conseil d'État du 28 février 1838, pense que la section existe même sans avoir des biens ou des droits séparés ; mais, ajoute-t-il, elle n'aura guère de procès si cette condition ne se rencontre pas (1).

Quoi qu'il en soit, cette dernière phrase nous montre que, pour l'objet de notre étude, les définitions précédentes peuvent être adoptées (2).

Les sections de commune sont très-nombreuses en France ; on en compte actuellement plus de 30,000, presque toutes dans les départements montagneux ou peu riches et possédant de nombreux pâturages. Les questions de propriété, et tous les droits qui s'y rattachent, surtout ceux de pacage, de parcours, d'affouage, donnent lieu à de nombreuses contestations et nécessitent la représentation en justice des sections de commune.

Les sections étaient déjà personnes morales dans notre ancien droit ; sous le droit intermédiaire, leur représentation en justice fut réglementée par un arrêté du 24 germinal an XI, intervenu à l'occasion d'une affaire particulière, mais inséré au

---

(1) Reverchon, p. 292. Voir aussi Aucoc, *Sections de commune;* Batbie, *Journal du droit administratif*, t. II, p. 406.

(2) Il semble résulter d'un arrêt de la Cour de cassation et d'un arrêt de la Cour de Riom que c'est à l'autorité administrative seule qu'il appartient de déclarer si une réunion d'habitants forme ou non une section de commune (C. de Riom, 19 déc. 1856 ; C. cass., 1er déc. 1857).

Bulletin des lois, ce qui lui donnait un caractère général et obligatoire.

Lorsqu'une section de commune avait une action à intenter, le sous-préfet de l'arrondissement devait choisir une commission de dix membres parmi les plus imposés de la section intéressée. Cette commission, remplaçant le préliminaire de conciliation, s'efforçait d'arranger l'affaire ; si elle n'y réussissait pas, elle rédigeait procès-verbal de sa réunion, et l'adressait au conseil de préfecture en demandant l'autorisation de plaider. Le conseil de préfecture statuait, et, si l'autorisation était accordée, les membres nommés par le sous-préfet choisissaient parmi leurs collègues un délégué chargé de suivre l'action. Ce choix ne pouvait tomber ni sur le maire ni sur l'adjoint. L'autorisation pouvait d'ailleurs être accordée au syndic, ou aux habitants de la section (C. cass. 15 mars 1831) (1).

La jurisprudence avait appliqué cet arrêté d'une façon générale (cons. d'État 4 juill. 1827, *Lepage;* 13 avril 1838, *section de Latude, commune de Sorbes* ; 17 juin 1829, *Raviou c. comm. de Vallenay;* 14 nov. 1831, *comm. de Frasnois;* 5 avr. 1833, *habitants de Bourg-aux-Nonains, comm. de Renazé*). Il faut cependant remarquer que si la section plaidait contre un particulier ou contre une autre commune, il n'y avait pas lieu de nommer

(1) Cormenin, t. II, note 1, p. 135.

un syndic ; le maire devait alors la représenter (cons. d'État 4 juill. 1827, *Lepage* ; 17 mai 1833, *sect. de Berval, comm. de Bonneuil, c. Gagniard-Damainville* ; C. cass. 6 av. 1836, *Bruneau c. comm. de Cinais* ; 2 nov. 1837, *hérit. Bataille c. comm. de Puy-Valador* ; 16 février 1841, *Bourel-Duboueix c. Lespineux*) (1).

Ces dispositions ont fait place à celles des articles 56 et 57 de la loi de 1837, que nous allons maintenant étudier.

Plusieurs différences existent entre la législation actuellement en vigueur et celle qui l'avait précédée. Le préliminaire de conciliation exigé par l'arrêté de l'an XI n'est plus maintenant prescrit à peine de nullité. Mais une distinction doit toujours être faite suivant que la section est en procès avec la commune ou une section de la commune, ou bien contre une autre commune, une section étrangère ou un particulier.

Dans le premier cas, il est formé pour la section une commission syndicale composée de trois ou cinq membres que le préfet choisit parmi les électeurs municipaux, dit la loi de 1837, ou, à leur défaut, parmi les plus imposés. Cette disposition n'est plus applicable puisque le suffrage universel a donné à tous les électeurs, ou à peu près, le droit de voter pour les élections municipales. Le préfet

(1) Voir cependant, en sens contraire, deux arrêts de la Cour de cassation. 15 mars 1831, *préfet de l'Ardèche c Armand* ; 20 nov. 1837, *Balguerie c. section de la commune d'Andrenos.*

choisit aujourd'hui parmi les électeurs inscrits sur la liste municipale, conformément à loi du 14 juillet 1874.

Les membres des conseils municipaux intéressés à la jouissance de biens, à la conservation des droits revendiqués par la section ne doivent pas participer aux délibérations relatives au litige. Ils sont remplacés par un nombre égal d'électeurs municipaux que le préfet est tenu de choisir parmi les habitants étrangers à la section.

L'action est suivie par celui de ses membres que la commission syndicale désigne elle même (art. 56). C'est ce membre qui doit demander au conseil de préfecture l'autorisation de plaider. La loi de 1837 n'a pas renouvelé la prescription de l'arrêté de germinal an XI, interdisant au maire et à l'adjoint de faire partie de cette commission.

Les actions appartenant aux sections de commune peuvent, comme celles des communes, être exercées, à leurs risques et périls, par les contribuables de cette section ; ils doivent alors se munir non-seulement de la délibération du conseil municipal, mais aussi de celle de la commission syndicale (27 déc. 1844 ; 28 nov. 1845).

Si une section plaide contre une autre section de la même commune, la loi, afin de les mettre sur un pied d'égalité parfaite, a décidé que chacune d'elles serait représentée par une commission spéciale, à l'exclusion de l'administration municipale.

Mais lorsque la section doit plaider contre une autre commune, contre une section d'une autre commune, ou bien encore contre un particulier, il n'est nullement besoin de recourir à une représentation spéciale ; c'est au conseil municipal et au maire de la commune dont elle fait partie que sont confiés ses intérêts.

Cette innovation n'a pas été introduite sans discussion dans la loi de 1837 ; le projet présenté en 1834 portait qu'une commission syndicale devait être nommée même dans ce cas. Ce projet reçut l'assentiment de la Chambre des députés, qui craignait que le conseil municipal ne défendît pas les intérêts de la section avec un zèle suffisant. Mais, l'année suivante, la Chambre des pairs la rejeta, « par la raison, disait le rapporteur, M. le baron » Mounier, qu'il résulte de la constitution de la » commune que le maire et le conseil municipal » ont mission de défendre et faire valoir les droits » de la section, comme ceux de la commune en- » tière. »

Dans la discussion qui s'éleva sur cette question, M. Fumeron-d'Ardeuil, commissaire du roi, demanda le maintien de l'article voté par la Chambre des députés, se fondant sur la tiédeur notoire avec laquelle les conseils municipaux défendaient les intérêts des sections; mais il ne parvint pas à convaincre la Chambre des pairs. La Chambre des députés persista longtemps dans sa manière de voir, mais fut enfin forcée de se rendre à l'avis de la

Chambre haute, et la disposition de loi qui existe aujourd'hui fut adoptée définitivement.

Lorsqu'il n'y a pas d'opposition d'intérêt entre la commune et la section, c'est donc le maire et le conseil municipal qui sont chargés de ses intérêts (*commune de Toulouse*, 2 mai 1844; *Théron c. comm. d'Esdival*) (1).

Mais qu'arriverait-il si le conseil municipal et le maire se refusaient à plaider pour la section, contrairement au vœu des habitants?

Nous ne pensons pas que la loi de 1837 ait donné une solution à cette hypothèse, si ce n'est en laissant aux contribuables la faculté d'exercer les actions de la section. Un décret du 25 pluviôse an XIII, inséré au *Bulletin des lois* et rappelé au conseil d'État dans un avis du comité de l'intérieur du 17 août 1832, disposait que, dans ce cas, dix des plus imposés de la section seraient réunis et nommeraient un syndic pour exposer leurs motifs au conseil de préfecture. Nous ne pensons pas que ce décret soit maintenant applicable, car la loi de 1837 a abrogé toutes les dispositions particulières. Les articles 56 et 57 n'ont donné aux communes une représentation spéciale que dans les deux cas qu'ils précisent; ils ont donc par là même interdit toute exception de cette nature. D'ailleurs la disposition du décret de l'an XIII serait incompatible avec la législation actuelle, qui ne donne une mission spéciale, en fait de représenta-

____

(1) Duvergier, t. XXXVII, p. 231; Reverchon, p. 280; Foucart, 4ᵉ édit., t. III, p 544.

tion des sections, qu'aux électeurs municipaux, et jamais aux plus imposés.

Enfin nous avons vu que le moyen de suppléer à l'inaction du conseil municipal se trouvait dans la faculté pour les contribuables d'exercer les actions de la section. Ajoutons de plus que la jurisprudence du conseil d'État a toujours déclaré les habitants d'une section sans qualité pour se pourvoir contre une décision administrative rendue au profit de leur section, ou d'une autre section de la même commune, quand ils agissaient en corps et au nom de la section ; elle accorde au contraire le droit de se pourvoir aux habitants de la section agissant *ut singuli* (18 août 1849, *habitants de Tanyot*).

Le ministre de l'intérieur ne pourrait, en aucun cas, exercer les actions des communes ni celles des sections. Une ordonnance du 24 mars 1819 *(habitants d'Arboux c. héritiers d'Albert)* a cependant décidé que le ministre a qualité pour intervenir au nom et dans l'intérêt d'une section de commune, sur le refus de ladite commune d'agir dans cet intérêt.

M. Reverchon concilie cet arrêt avec les principes généraux en disant qu'il signifie seulement que le ministre peut présenter devant le conseil d'État, si une demande d'autorisation arrive jusqu'à lui, les observations qu'il juge convenables.

Le préfet ne peut se refuser à former la commission syndicale, car il empêcherait ainsi indirectement la section de plaider, et la décision sur ce

point ne lui appartient pas. Il commettrait, en s'op-
posant à cette formation, un excès de pouvoir (cons.
d'État, 1er déc. 1839, *section de Sargé*; 24 mai 1851,
Laffont; 4 sept. 1856, *section de Parilly c. commune de Chinon*; 10 fév. 1859, *sections de Poisy
et de Chennettes*; 7 avril 1859, *Ballard et consorts*;
5 janv. 1860, *de Lozier*).

Nous avons déjà dit que si une section délaissait
une action qui lui appartiendrait, ou si le conseil
municipal refusait de plaider pour elle, un contribuable pourrait intenter l'action à ses riques et
périls. Il devrait alors requérir du préfet la convocation de la commission syndicale, dont la délibération lui est nécessaire.

On s'est demandé si ce droit appartient seulement aux contribuables de la section ou à ceux de
la commune tout entière.

Le texte et l'esprit de la loi nous semblent l'accorder à tous les contribuables de la commune. Il
n'est pas étonnant, du reste, que telle ait été la
pensée du législateur : les liens de l'association
communale embrassent tous les habitants ; on comprend dès lors que, du moment que la loi n'exige
que l'intérêt manifesté par la contribution pour
exercer ces actions, elle ait laissé ce droit à tous.
C'est l'intérêt pratique qui a guidé la loi. Certaines
sections sont en effet très-pauvres, et un contribuable hors de la section, ayant des ressources
personnelles suffisantes, pourra venir à son secours,
tandis que nul membre de la section n'était peut-

être en état de prendre le procès à ses risques et périls.

D'ailleurs, toutes les fois qu'il se présentera en même temps un contribuable de la section et un autre du dehors, le conseil de préfecture aura toujours la faculté de préférer le premier s'il juge que la section y ait quelques avantages.

Enfin il n'est pas absolument vrai que les habitants de la commune soient sans intérêt lorsque le patrimoine d'une section est en jeu ; l'aisance des habitants d'une section est en effet un soulagement pour le budget de la commune, qui doit doter les établissements de bienfaisance de la section en proportion de leurs besoins.

En dehors de ces dispositions spéciales, il résulte de la combinaison des articles 49, 50, 51, 56 et 57 de la loi du 18 juillet 1837 que les règles concernant les communes sont applicables aux sections. Il s'ensuit que, dans les cas où les communes ont besoin de l'autorisation du conseil de préfecture, les sections y seront aussi soumises, et que chaque fois que les communes en seront dispensées, les sections le seront aussi (23 nov. 1847 ; 3 janv. 1848).

SECTION II.

COMMUNES AYANT DES INTÉRÊTS COMMUNS.

Les communes ont parfois des intérêts communs entre elles : elles peuvent avoir des droits ou des biens indivis. Dans tous ces cas, une gestion, une représentation unique peuvent être favorables à leurs intérêts. C'est pourquoi le législateur a introduit dans la loi de 1837 les dispositions des articles 70 et 71, qui règlent cette situation.

D'après l'article 70 de la loi de 1837, une ordonnance du roi, si une des communes le réclame, instituera une commission syndicale composée de délégués des conseils municipaux des communes intéressées.

Depuis le décret du 25 mars 1852, l'ordonnance du roi est remplacée par un arrêté du préfet, si toutes les communes appartiennent au même département. Dans le cas contraire, la loi de 1837 continue d'être appliquée.

Il est à remarquer que cette commission syndicale n'est pas imposée par la loi comme au cas où une section de commune plaide contre la commune elle-même. Le nombre des membres qui la composent est déterminé par le préfet ou le chef de l'Etat, suivant la distinction que nous avons faite ci-dessus. Le préfet ne peut d'ailleurs se refuser à la formation de la commission, pas plus qu'il ne le pourrait dans le cas où il s'agirait de commission syndicale destinée à représenter une section (1).

D'après la loi de 1837, la commission devait être

_____

(1) Une décision du ministre de l'intérieur du 19 février 1866 est contraire à notre doctrine, mais elle est basée sur des moyens tirés de l'examen du fond de l'affaire.

nommée tous les trois ans, après le renouvellement partiel des conseils municipaux. Cette disposition a été écrite sous l'empire de la loi du 21 mars 1831, qui avait admis un système de renouvellement des conseils municipaux par moitié, et tous les trois ans. Faut-il dire maintenant que la durée des fonctions de cette commission sera la même que celle des conseils municipaux, puisque le renouvellement partiel a cessé d'exister?

L'esprit de la loi semble indiquer que l'opinion de la commission devait changer avec celle des conseils municipaux, et nous déciderons en conséquence qu'elle sera renouvelée après la réélection des conseils municipaux, quels que soient la durée de leurs fonctions et leur mode de renouvellement.

Les délibérations de la commission dont nous venons de parler ne sont exécutoires qu'après l'approbation du préfet, et demeurent en général soumises aux règles établies par les délibérations des conseils municipaux. La présidence appartient à un syndic désigné par le préfet et choisi parmi les membres (1). Les attributions de la commission sont les mêmes que celles des maires et des conseils municipaux pour l'administration des biens des communes. C'est aux commissions qu'il appartient de demander l'autorisation de plaider.

Une question s'est élevée à ce propos, et l'on a

---

(1) Voir Blanche, *Dict. d'adm.*, v° COMMUNE.

discuté pour savoir si c'est le préfet ou le conseil
de préfecture qui est appelé à donner cette autorisation. On invoque, pour donner cette attribution
au préfet, le dernier paragraphe de l'article 70,
qui lui confère le droit d'approuver les délibérations de la commission. Nous croyons, au contraire,
que l'autorisation de plaider est l'objet d'une compétence attribuée aux conseils de préfecture pour
les procès intéressant les communes. Or, si ces
conseils sont compétents lorsqu'il s'agit d'une commune, on ne comprend pas qu'ils ne le soient pas
lorsqu'il s'agit de plusieurs. C'est du reste une conséquence de l'assimilation que fait la loi entre le
syndic et le maire, la commission et le conseil municipal.

On s'est demandé aussi qui devait exercer les
actions concernant les chemins vicinaux de grande
communication, lorsque plusieurs communes se
trouvent intéressées. Une circulaire du ministre de
l'intérieur du 18 février 1839 (1), tout en déclarant
ces actions *communales*, prescrit qu'elles devront
être exercées par le préfet.

C'est là une véritable exception au principe que
le maire est le seul représentant des intérêts communaux, et cette exception, bien que motivée par
le soin qu'a toujours pris le législateur d'aplanir
les difficultés naissant à l'occasion des chemins
vicinaux, n'en a pas moins été critiquée. Elle est

(1) *Bulletin officiel du ministère de l'intérieur*, 1839, p. 59.

cependant confirmée par la jurisprudence du conseil d'Etat (cons. d'Etat, 26 févr. 1870, *Defrance* ;
19 juill. 1871, *département des Côtes-du-Nord*) (1).

(1) MM. Chauveau Adolphe et Tambour critiquent cette jurisprudence, t. I, p. 63, 5ᵉ édit., qui est au contraire approuvée par
MM. Serrigny, t. I, p. 573, 2ᵉ édit., et Dufour, t. III, p. 388.

SECONDE PARTIE

ACTIONS CONCERNANT LES ÉTABLISSEMENTS PUBLICS

La loi a étendu à la plupart des établissements publics les principes de la protection administrative, et en particulier les règles relatives à l'autorisation de plaider (1). Nous traiterons successivement des hospices, hôpitaux et bureaux de bienfaisance, des fabriques, cures, évêchés, chapitres, séminaires et consistoires. Nous examinerons enfin si le principe de l'autorisation de plaider s'applique à tous les établissements publics, aux établissements d'utilité publique, et en particulier aux congrégations religieuses.

CHAPITRE I.

ÉTABLISSEMENTS DE BIENFAISANCE.

SECTION I.

HOSPICES ET HÔPITAUX.

Les hospices et hôpitaux sont des établissements généraux, départementaux ou communaux. Au

---

(1) Voir, pour la définition des établissements publics : Dufour, *Traité de droit administratif*, 2ᵉ édit., t. VI, p. 4; Ducrocq, *Droit*

point de vue de l'autorisation, nous n'aurons à nous occuper que des établissements de bienfaisance communaux.

Nous écarterons de suite les établissements généraux (1) de bienfaisance. Un arrêté du 27 germinal an V place l'hospice de Charenton sous l'autorité du ministre de l'intérieur et met ses dépenses à la charge de l'État. Cette surveillance supplée amplement à celle du conseil de préfecture ; aussi la jurisprudence a-t-elle formellement dispensé l'hospice de Charenton de l'autorisation de plaider (Paris, 9 avril 1836, *Palluy*) (2).

Cette solution s'applique également aux autres établissements généraux, qui sont aussi eux sous la surveillance du ministre de l'intérieur (cons. d'État, 8 mars 1855).

Les établissements départementaux ne sont pas non plus soumis à l'autorisation depuis la loi du 18 juillet 1866, confirmée par la loi du 10 août 1871. On a voulu contester aux établissements d'aliénés, à cause de la participation des communes dans leurs dépenses, le caractère d'établissements départementaux, et l'on s'est fondé sur l'article 16 de la loi du 30 juin 1838 et sur l'ordonnance du 18 décembre 1839. Mais la jurisprudence

---

administratif, 5ᵉ édit., t. II, p. 412. — Voir aussi un article de M. Batbie dans le *Journal du droit administratif*, t. II, p. 110.

(1) Les établissements généraux sont les Quinze-Vingts, Charenton, les Jeunes-Aveugles, les Sourdes-Muettes de Bordeaux, les asiles du Vésinet et de Vincennes.

(2) Voir Durieu et Roche, t. II, p. 224 ; Serrigny, t. I, p. 453 ; Reverchon, p. 330 ; — contra : Dufour, 2ᵉ édit., t. III, p. 111.

du conseil d'État n'a pas cessé de les considérer comme établissements départementaux (6 avril 1842, circulaire du ministre de l'intérieur du 30 octobre 1845).

C'est donc, en définitive, aux établissements communaux seulement que s'applique la nécessité de l'autorisation pour intenter un procès.

Dans l'ancien droit, les hôpitaux n'étaient pas, comme les communes, soumis à cette formalité. L'arrêté du 7 messidor an IX, relatif aux rentes et domaines nationaux affectés aux hospices, imposa l'obligation de l'autorisation dans certains cas, et permit à la jurisprudence, qui s'appuyait d'ailleurs sur l'article 21 de la loi de 1837 (1), de suppléer un texte formel qui manquait et d'exiger l'autorisation préalable pour toute action relative à un hospice (20 septembre 1809, *Fontaine c. bureau de bienfaisance de Fournier* ; 11 fév. 1820, *hospice de Douai* ; 28 mars 1821, *hospice de Grenoble* ; 13 juill. 1825, *hospice de Bas* ; 8 janv. 1831, *hospice de Compiègne* ; 18 juill. 1834, *hospice du Mans*; 28 nov. 1834, *hospice de Montpellier c. Dussault*, etc.) (2).

Mais aujourd'hui une loi spéciale est intervenue, et la nécessité de l'autorisation résulte des ar-

(1) Loi du 18 juillet 1837, art. 21 : « Le conseil municipal est toujours appelé à donner son avis sur les objets suivants . ..... 5° les autorisations d'emprunter, d'acquérir, d'échanger, d'aliéner, de *plaider* ou de *transiger*, demandees par les établissements de charité et de bienfaisance..... »

(2) Instruction du ministre de l'intérieur du 8 février 1823 (*Bull. off.*, t. V, p. 94); Durieu et Roche, t. II, p. 565; Cormenin, t. II § 280; Serrigny, t. I, p. 446.

ticles 9 et 10 de la loi du 13 août 1851 (cons. d'État, 12 mars 1869, *hôpital de Nantua*).

Ces articles établissent en effet que les délibérations de la commission administrative chargée des intérêts de l'hospice seront soumises à l'avis du conseil municipal et suivront, quant *à l'autorisation*, *les mêmes règles* que les délibérations des conseils municipaux qui proposent de plaider. Remarquons qu'aux termes mêmes de la loi, ce sont seulement les *délibérations* de la commission administrative qui sont assimilées à celles des conseils municipaux. Il faut donc bien se garder d'en déduire une ressemblance complète entre les pouvoirs du président de la commission et ceux du maire. Il ne faut pas non plus croire que la situation des tiers demandeurs soit la même dans les deux cas ; il existe au contraire un certain nombre de modifications.

L'action est suivie par le président de la commission administrative (1). Aucun texte ne le dit formellement, mais la loi le charge de faire tous les actes de la vie civile de l'hospice, et notamment d'accepter les dons et legs (l. 7 août 1851). Il est donc naturel qu'il soit chargé aussi d'intenter les actions.

C'est aussi le président qui demande l'autorisation de plaider au conseil de préfecture. A sa requête doivent être jointes la délibération de la commission administrative et celle du conseil muni-

(1) D'après Block, l'action devrait être suivie au nom de la commission (*Dict. d'adm.*, vᵒ HOSPICES).

cipal, et enfin une consultation du comité consultatif des établissements hospitaliers.

On s'est demandé s'il n'y avait pas lieu de dispenser les établissements hospitaliers, comme les
communes, de cette dernière formalité, et on a fait
valoir que la loi de 1851 ne l'avait pas édictée.

Nous croyons que l'avis du comité consultatif,
dont l'utilité est moindre pour les communes, constitue au contraire une précaution très-avanta-
geuse pour les hospices. Si la loi de 1851 n'a pas
rappelé cette formalité dans ses dispositions, c'est
qu'elle était déjà exigée par l'arrêté du 7 messidor
an IX (art. 11 à 13) ; enfin une circulaire ministérielle du 8 février 1823 en a prescrit dans la pratique
la constante exécution. Nous pourrions ajouter que
l'opinion que nous soutenons est celle des auteurs
les plus autorisés qui ont écrit sur la matière (1).

En ce qui concerne la dispense d'autorisation, la
loi s'est montrée bien plus sévère pour les établissements hospitaliers que pour les communes.
Ainsi les actions possessoires ne peuvent pas être
intentées sans autorisation ; mais, une fois accordée en première instance, l'autorisation ne doit
pas être renouvelée pour défendre à l'appel d'un
jugement favorable, ni pour interjeter appel incident.

Les hospices sont dispensés d'autorisation pour
poursuivre la rentrée de leurs revenus annuels, et

(1) Ducrocq, 5e édit., t. II, n° 1499 ; Block, *Dict. d'adm.*, p. 1076,
n° 152.

cette formalité ne devient nécessaire que s'il s'élève une contestation sur le fond même du droit. Il en est ainsi des actes de poursuite nécessaires contre les débiteurs en retard : ils ne sont soumis à l'autorisation qu'en cas d'opposition.

Quant aux instances devant les tribunaux administratifs, elles sont dispensées de l'autorisation pour les mêmes raisons que celles qui concernent les communes.

On peut se demander si le président a, comme le maire pour les communes, le droit d'intenter les actions à titre conservatoire. Nous pensons que, la loi étant conçue dans un esprit de protection pour les hospices, a dû lui accorder ce droit, qui ne peut qu'être avantageux aux hospices. C'est, du reste, ce qu'elle a fait dans une matière non moins importante et pouvant donner lieu à des procès, en matière d'acceptation de dons et legs.

Lorsque le conseil de préfecture est saisi d'une demande d'autorisation, il doit statuer dans les deux mois, et, en cas de refus, sa décision peut être attaquée devant le conseil d'Etat. Le pourvoi est lui-même dispensé d'autorisation.

Dans le cas où l'hospice est défendeur, les demandeurs ne sont pas obligés de remettre un mémoire au préfet, comme lorsqu'il s'agit d'une commune.

La faculté donnée par la loi de 1837 au contribuable s'étend-elle aux établissements hospitaliers ?

Malgré les principes généraux contenus dans la

loi de 1837, nous pensons que les contribuables n'ont pas qualité pour intenter les actions relatives aux hospices. Les contribuables n'ont en effet ici qu'un intérêt bien éloigné ; d'ailleurs la loi a remplacé leur action par celle de la commune, qui est plus directement intéressée qu'eux, et qui pourtant n'est appelée qu'à donner un avis (cons. d'Etat, 30 août 1847) (1).

SECTION II.

BUREAUX DE BIENFAISANCE.

Les bureaux de bienfaisance sont destinés à distribuer des secours aux pauvres à domicile. Ils ont été créés par la loi du 7 frimaire an V, et constituent, d'après la loi du 28 pluviôse an VIII, des établissements communaux. Ils ont néanmoins une personnalité distincte de celle de la commune, et forment des établissements publics et des personnes morales susceptibles d'ester en justice en leur propre nom.

On a prétendu que les bureaux de bienfaisance n'étaient que les mandataires de l'autorité municipale ; mais il faut remarquer que c'est de la loi elle-même qu'ils ont reçu ce mandat, et les pouvoirs que la commune a sur eux sont limités par

(1) Ducrocq, *Droit administratif*, 5ᵉ édit., t. II, p. 392.

cette loi, qui nulle part ne lui donne le droit d'ester en justice à leur place La Cour de cassation s'est formellement prononcée en ce sens (10 juill. 1828).

Avant la loi du 7 août 1851, on avait contesté la nécessité de l'autorisation de plaider pour les bureaux de bienfaisance comme pour les hospices.

Mais la Cour de cassation, en même temps qu'elle leur reconnaissait la personnalité civile, exigeait aussi l'autorisation du conseil de préfecture pour les actions qu'ils voulaient intenter en justice. Du reste, la loi de 1837, soumettant à l'avis du conseil municipal les demandes pour plaider et pour transiger présentées par les *établissements de bienfaisance*, comprenait évidemment, sous ces termes généraux, les bureaux de bienfaisance. Enfin la loi du 7 août 1851, qui leur est applicable d'après un décret du 17 juin 1852, n'a plus laissé de doute sur cette question, et les a assimilés entièrement aux hospices et hôpitaux (30 avr. 1863, *bureau de bienfaisance de Vezins]* (1).

CHAPITRE II.

ÉTABLISSEMENTS ECCLÉSIASTIQUES DU CULTE CATHOLIQUE.

Le concordat de 1801, devenu loi de l'empire français, pose dans son article 15 le principe de la

_____

(1) Reverchon, p. 327; Foucart, 4ᵉ édit., t. III, p. 614; Ducrocq. 5ᵉ édit.; Dufour, 2ᵉ édit., t. III, p 107

reconnaissance par l'État de la personnalité civile des agrégations de fidèles réunis dans un intérêt religieux (1).

Les personnes civiles se rattachant à l'organisation du culte catholique sont : les fabriques, les cures ou menses curiales, les menses épiscopales, les séminaires diocésains et les chapitres.

Mais en même temps que le législateur pourvoyait à la représentation de ces établissements, il leur appliquait aussi la plupart des règles de la protection administrative C'est seulement au point de vue de la représentation en justice que nous devons étudier ces règles ; nous le ferons successivement pour chacun des établissements religieux que nous avons énumérés.

SECTION PREMIÈRE.

FABRIQUES.

Après avoir organisé les paroisses, la loi a pourvu à la gestion de leurs biens, à la représentation de leurs intérêts par la création d'un conseil spécial, le conseil de fabrique (2). On désigne quelquefois aussi, sous ce nom de fabrique, la paroisse considérée comme être moral. Rétablies en France après le Concordat, et en vertu de la loi du 18 germinal

(1) Ducrocq, *Droit adm.*, 5ᵉ édit., t. II, p. 603.
(2) Ducrocq (*loco citato*).

an X, les fabriques constituent des établissements publics reconnus par la loi (l. 18 germinal an X, art. 76 ; décr. du 30 déc. 1809, art. 1 ; ordonn. 2 janv. 1817, art. 1 et 3). Elles sont de plus des personnes morales susceptibles de posséder, de plaider (C. cass., 7 juin 1826 ; 6 nov. 1832).

Il existe deux sortes de fabriques, celles qui sont placées à côté des églises métropolitaines ou cathédrales, et celles veillant aux intérêts des églises paroissiales, des chapelles vicariales simples de 1re ou de 2e classe. Les oratoires publics ou chapelles de secours dépendent de la paroisse sur laquelle ils sont situés, et sont administrés par sa fabrique, à la différence des oratoires privés qui ne relèvent d'aucune paroisse (1).

Les fabriques ont pour mission de veiller à l'entretien et à la conservation des temples ; d'administrer les aumônes et les biens, rentes et perceptions autorisés par les lois et règlements, les sommes supplémentaires fournies par les communes, et en général tous les fonds qui sont affectés à l'exercice du culte (décret de 1809).

Le conseil de fabrique délibère, et à côté de lui est placé le bureau des marguilliers qui exécute.

C'est au bureau des marguilliers qu'il appartient d'intenter les actions en justice ou d'y défendre au nom de la fabrique. Le trésorier agit habituellement, et *il doit* faire tous les actes conservatoires

(1) Ducrocq, 5e edit., t. II, p. 605, n° 1517.

(4 nov. 1863, *fabr. de l'église de Luperce*). Il a d'ailleurs été jugé que l'assignation délivrée à la requête du trésorier, en son nom et comme trésorier, remplit suffisamment le vœu de la loi, et que l'action peut, même dans ce cas, être considérée comme intentée au nom de la fabrique (Rouen, 26 déc. 1840, *Hermel* c. *veuve Coquais*).

La fabrique peut-elle seule intenter les actions relatives aux églises ?

Cette question se rattache à celle de savoir si les fabriques ont seules la propriété des églises et presbytères (1). Nous n'examinerons pas cette controverse ; nous dirons seulement que, lors même que la propriété des églises et presbytères appartiendrait aux communes, les fabriques en auraient au moins la jouissance et l'administration ; il faudrait donc les admettre à exercer les actions tendant à la conservation de leur droit. La jurisprudence semble d'ailleurs incliner à donner l'exercice des actions concurremment aux communes et aux fabriques (C. cass., 7 juill. 1840, *de Maulmont* c. *fabrique de Saint-Feyre* ; Paris, 29 déc. 1835, *Géland* c. *commune de Montreuil* ; Bordeaux, 6 fév. 1838, *fabrique de Saint-Laurent* c. *Garnier* ; Paris, 24 déc. 1857, *fabrique de l'église d'Essonnes*) (2). Cependant des arrêts plus anciens du conseil d'État et des cours d'appel avaient déclaré les fabriques sans qualité

---

(1) Foucart, 4ᵉ édit., t. III, p. 570 ; Dufour, 2ᵉ édit., t. V, p. 571 et 584.

(2) Ducrocq, 3ᵉ édit., t. II, nᵒ 1405.

pour exercer ces actions (cons. d'État, 15 juin 1832, *Morand* c. *fabrique d'Annebecq* ; 7 mars 1838 , *Levacher* c. *fabrique de Tiergeville ;* Poitiers, 20 fév. 1835 , *Labroue de Vareilles* c. *commune de Som-mières*).

D'autres , au contraire , leur avaient exclusive‐ment accordé le droit d'agir (Nancy, 31 mai 1827, *ville de Mirecourt* c. *Thirion*) (1).

Mais l'action ne peut être suivie qu'après une délibération conforme du conseil de fabrique (décr. du 30 déc. 1809 , art. 77). Le conseil municipal doit aussi donner son avis, car, la commune contribuant aux dépenses obligatoires du culte, il est utile que ses représentants soient consultés sur des actes qui pourraient diminuer les ressources de la fabrique (art. 21, § 5 , l. 18 juill. 1837).

Avant 1809 les fabriques n'étaient obligées par aucun texte de demander l'autorisation de plaider ; aussi la jurisprudence ne l'avait-elle jamais exigée (C. cass., 21 juin 1808, *Jeudi* c. *fabrique de Mai-son*) (2). Mais l'article 77 du décret de 1809 a sou‐mis en termes précis les actions concernant les fabriques à l'autorisation par le conseil de préfec‐ture (art. 77), (C. cass., 7 juin 1826).

Néanmoins les règles qui s'appliquent à l'auto‐risation nécessaire aux communes ne doivent pas

(1) Le droit de *défendre* aux actions concernant les églises est aussi accordé par la jurisprudence aux communes et aux fabriques. (Ducrocq, t. II, p. 485, note 1, 5º édit.)

(2) Cet arrêt avait été rendu dans une espèce où la fabrique ré‐clamait des objets de peu de valeur.

toutes être admises en ce qui concerne les fabriques. Ces dernières peuvent, sans une nouvelle autorisation, défendre en appel pour un jugement intervenu en leur faveur (C. cass., 23 mai 1860; cons. d'État, 20 juin 1861). Mais si elles sont demanderesses, il leur faut une nouvelle autorisation pour interjeter appel (avis du cons. d'État, 3 oct. 1823; C. cass., 29 nov. 1824).

Les actions ayant pour but de faire cesser des servitudes et les usurpations de terrain, les poursuites devant le juge de paix, quelle que soit la valeur de l'objet litigieux, ne peuvent être intentées par le trésorier d'une fabrique sans autorisation du conseil de préfecture (décis. ministérielle du 31 juillet 1855). Il en est de même de toutes les actions possessoires. Mais les actes conservatoires sont dispensés d'autorisation (1), ainsi que les actions portées devant les tribunaux administratifs (31 août 1837, *fabrique de Digne*; 29 janv. 1840, *fabrique de la Chapelle-aux-Choux*).

Dans les cas où l'autorisation est nécessaire, un membre de la fabrique qui esterait en justice au nom de l'établissement sans remplir cette formalité s'exposerait à être personnellement condamné à des dommages et intérêts (C. cass., 13 nov. 1833).

Le décret de 1809 n'a donné aucun moyen de suppléer à l'inaction ou au mauvais vouloir du bureau des marguilliers, dans le cas où une de-

---

(1) Cormenin, vᵒ FABRIQUES D'ÉGLISES, t. III, 4ᵉ édit., p. 158.

mande ne serait pas intentée par eux, bien qu'elle
fût utile à la fabrique. Le préfet ne pourrait désigner un mandataire pour représenter la fabrique
en justice (avis du cons. d'État du 30 oct. 1829).
Un seul moyen serait ouvert : il consisterait à
révoquer le conseil de fabrique et à le composer
de nouveaux membres plus dévoués aux intérêts
qu'ils représentent (décis. ministérielle du 17 juin
1853).

Le pourvoi en cassation n'est pas, croyons-nous,
soumis à l'autorisation, car cette formalité a été
établie pour les communes par une disposition tout
à fait spéciale de la loi de 1837, disposition qui
nous paraît contraire aux principes généraux qui
régissent l'autorisation de plaider (cons. d'État,
13 févr. 1868, *fabrique de la cathédrale de Bourges*).
Le décret de 1809 n'exige pas non plus l'avis de
trois jurisconsultes pour les actions concernant les
fabriques.

Mais nous pensons que le demandeur qui veut
intenter une action contre la fabrique doit déposer
préalablement un mémoire pour avertir l'administration, et pour que la fabrique se mette en mesure
de demander l'autorisation. Il nous semble en effet
que les règles de la loi de 1837 qui ne sont pas
contraires aux principes généraux, ni remplacées
par des dispositions spéciales, doivent s'appliquer
aux fabriques. Les adversaires de l'opinion que
nous admettons sont d'ailleurs forcés d'accorder à

la commune un sursis pour obtenir l'autorisation (1).

SECTION II.

CURES.

Une cure est une personne morale capable d'acquérir et distincte de la personnalité de la paroisse, qui est représentée par la fabrique ; on appelle mense curiale l'administration et l'ensemble des biens qu'un curé ou desservant possède à ce titre (décret du 6 nov. 1813 ; loi du 2 janv. 1817 ; ordonn. 3 avril 1817) (2). L'administration de ces biens est confiée au titulaire de l'office ecclésiastique, qui en est considéré comme l'usufruitier. La fabrique est chargée de leur conservation.

C'est dans le décret du 6 novembre 1813 que se trouvent toutes les règles qui régissent cette matière. Le titulaire a l'exercice des actions relatives aux droits de la cure ; mais il ne peut plaider, soit en demandant soit en défendant, sans l'autorisation du conseil de préfecture (décr. 6 nov. 1813, art. 14). Le conseil de fabrique doit être consulté, ainsi que le conseil municipal, et leurs délibérations jointes à la requête adressée au conseil de préfecture.

(1) Voyez en ce sens M. de Cormenin, 5e édit., t. I, p. 406, et t. II, Appendice. Déjà, dans sa 4e édition, cet auteur déclarait qu'il serait bon d'appliquer aux fabriques les règles de la loi de 1837 (t. III, p. 160, note 1 *in fine*). — Voir aussi Serrigny, t. I, n° 452 ; — contra : Reverchon, p. 342.

(2) Ducrocq, *Droit adm.*, t. II, 5e édit., p. 613.

Mais le desservant exerce les actions à ses risques et périls, et tous les frais du procès sont à sa charge, conformément à l'article 15 du décret de 1813. La loi a mis ces dépenses au même rang que celles qui sont occasionnées par les réparations, et les lui a fait supporter en sa qualité d'usufruitier des biens de la cure.

La protection de l'administration supérieure est, en cette matière, aussi effective que possible. C'est pourquoi un très-petit nombre d'actions sont dispensées d'autorisation.

On pourrait soutenir que, conformément aux principes admis en matière d'usufruit, le desservant peut exercer sans autorisation les actions possessoires ; mais il n'en est pas ainsi ; il faut bien remarquer, d'ailleurs, que nous ne sommes pas ici en présence d'un véritable droit d'usufruit (cons. d'État, 24 juin 1868, *Schmitz c. commune de Volmerange-lez-Œutrange*). Quant aux actes conservatoires, ils peuvent toujours être faits sans autorisation, ainsi que les poursuites à fin de recouvrement des revenus de la cure (C. cass., 8 fév. 1837, *Petit-Dugours c. Chaulier*). Ces poursuites constituent en effet l'exercice naturel des droits conférés par la loi au titulaire sur les biens de la cure. L'autorisation eût, d'ailleurs, été sans objet à leur égard, car elles ne peuvent nuire en rien aux intérêts de la cure.

Nous croyons que le titulaire pourra aussi défendre sans autorisation à l'appel d'un jugement qui lui était favorable, mais qu'il devra, au contraire, accomplir cette formalité pour interjeter appel d'une décision qui le condamne.

SECTION III.

MENSES ÉPISCOPALES

On désigne sous le nom de mense épiscopale les revenus qui forment la dotation d'un évêché ou d'un archevêché. L'article 29 du décret de 1813 se borne à dire que les archevêques et évêques auront l'administration des biens de leur mense, ainsi qu'il est expliqué aux articles 6 et suivants dudit décret. On peut facilement en conclure que le renvoi comprend l'article 14 relatif à l'autorisation. La jurisprudence des cours d'appel s'est prononcée dans ce sens; mais le conseil d'État n'a pas eu, que nous sachions, à connaître de cette question (Colmar, 2 avr. 1833; Orléans, 19 avr. 1845; C. cass., 8 févr. 1837).

SECTION IV.

CHAPITRES CATHÉDRAUX ET COLLÉGIAUX.

On appelle chapitre cathédral un corps d'ecclésiastiques attachés à une cathédrale et portant le titre de chanoines. Un chapitre attaché à une église autre qu'une cathédrale est un chapitre collégial (1).

La suppression des chapitres collégiaux, prononcée par l'article 20 de la loi des 12 juillet - 24 août 1790, a été maintenue dans les articles organiques de la loi du 18 germinal an X.

Il n'existe aujourd'hui, en fait de chapitres collégiaux, que celui de Saint-Denis, qui a été réorganisé par un décret du 20 juin 1873, et celui de Sainte-Geneviève.

L'article 53 du décret de 1813 donne au trésorier du chapitre le droit d'intenter les actions en son nom, et le soumet à la nécessité de l'autorisation devant le conseil de préfecture. Il peut faire les actes conservatoires et les poursuites touchant les recouvrements, sans autorisation ; mais nous ne croyons pas que ce texte lui donne le droit d'exercer les actions possessoires. Nous sommes en effet ici en présence d'un agent nommé par l'évêque et n'ayant aucun droit de jouissance sur les biens du chapitre. On doit donc, *a fortiori*, lui appliquer les mêmes règles qu'au desservant d'une paroisse.

(1) Voir Ducrocq, *Droit administratif*, t. II, 5ᵉ édit., p. 615 ; Block, *Dict. d'adm.*, vᵒ CHAPITRES.

SECTION V.

SÉMINAIRES.

Les séminaires diocésains sont des établissements destinés à former aux fonctions du sacerdoce les jeunes ecclésiastiques. Ils constituent des personnes morales distinctes des menses épiscopales, mais, comme elles, représentées par l'évêque.

L'article 70 du décret de 1813 soumet aussi les séminaires à la nécessité de l'autorisation de plaider, soit en demandant, soit en défendant. C'est l'archevêque ou l'évêque qui doivent demander l'autorisation, après avoir pris l'avis du bureau d'administration (Cour de Colmar, 28 janvier 1831). Nous appliquerons d'ailleurs aux séminaires les règles que nous avons posées pour les chapitres.

CHAPITRE III.

ÉTABLISSEMENTS ECCLÉSIASTIQUES DES CULTES RECONNUS NON CATHOLIQUES.

SECTION PREMIÈRE.

CULTES PROTESTANT ET LUTHÉRIEN.

Les paroisses protestantes peuvent avoir, comme les paroisses catholiques, des biens à gérer, des intérêts à sauvegarder. La loi du 18 germinal an X, qui leur reconnaît la personnalité morale, a pourvu à leur représentation, et a confié cette mission aux consistoires, corps composés d'un certain nombre de membres élus par les fidèles de cette religion.

A part quelques modifications dans la façon dont sont élus leurs membres, les consistoires de l'Eglise luthérienne ressemblent beaucoup à ceux de l'Église réformée, et, dans tous les cas, ils ont les mêmes attributions de représentation. Le décret du 26 mars 1852 a mis à la tête de la paroisse protestante et luthérienne un conseil presbytéral, qui l'administre sous l'autorité du consistoire. Dans certaines paroisses, il existe de plus une fabrique, qui n'est autre chose que l'ensemble des biens affectés à l'entretien du culte et des bâtiments religieux (1). La gestion en est aussi confiée au conseil presbytéral.

On s'est longtemps demandé si les consistoires devaient être soumis à l'autorisation de plaider.

La question s'est présentée d'abord au sujet des consistoires de l'Église de la confession d'Augsbourg, et le tribunal de Saverne n'a pas hésité à se prononcer en faveur de la nécessité de l'autorisation. Son jugement fut confirmé, le 13 novembre 1833, par la Cour de Colmar.

Les plus sages raisons peuvent être données à

---

(1) Buob, *Code manuel ecclésiastique.*

l'appui de cette décision. La protection de l'État à l'égard des établissements publics nécessitait en effet son application aux consistoires protestants, et il était très-naturel, lorsque les fabriques catholiques étaient déjà soumises à la nécessité de l'autorisation, de l'imposer aussi aux consistoires. Mais il faut reconnaître qu'aucun texte ne justifiait une telle décision. C'est pourquoi le conseil d'État, consulté à ce sujet par le ministre des cultes, avait, par un avis en date du 24 septembre 1831, refusé de se prononcer.

Le gouvernement consacra bientôt par une disposition formelle la jurisprudence inaugurée par la Cour de Colmar, et l'ordonnance du 23 mai 1834 exigea expressément l'autorisation du conseil de préfecture lorsqu'un consistoire voudrait entreprendre ou défendre un procès en justice. De plus, il résulte du décret de 1852 que les conseils presbytéraux, qui ne sont que des démembrements des consistoires, constituent des personnes civiles, et doivent aussi eux obtenir l'autorisation du conseil de préfecture.

Nous pensons, du reste, que la plupart des règles applicables en cette matière aux fabriques le sont aussi aux consistoires, et nous croyons notamment qu'il faut joindre à la demande en autorisation une délibération du conseil municipal constatant qu'il a été consulté.

i

SECTION II.

CULTE ISRAÉLITE

Les synagogues particulières de la France sont réparties dans les circonscriptions de huit consistoires départementaux. Comme les consistoires réformés des deux communions, ceux du culte israélite jouissent de la personnalité civile.

Les décisions que nous avons rapportées au sujet des cultes réformés avaient amené la jurisprudence à exiger pour eux aussi la nécessité de l'autorisation de plaider. L'ordonnance du 25 mai 1844 déclara formellement qu'elle leur était applicable (C. cass., ch. civ., 27 déc. 1864).

A ces consistoires aussi nous appliquerons donc les règles que nous avons énumérées pour les fabriques.

CHAPITRE IV.

AUTRES ÉTABLISSEMENTS PUBLICS; CONGRÉGATIONS RELIGIEUSES, ET AUTRES ÉTABLISSEMENTS D'UTILITÉ PUBLIQUE.

C'est une question fort grave que de décider si la nécessité de l'autorisation de plaider ne s'applique qu'aux établissements publics auxquels une disposition spéciale de loi impose cette obligation, ou si, au contraire, la qualité d'établissement public implique seule cette nécessité.

On peut dire d'une façon certaine qu'en ce qui concerne les établissements publics la nécessité de l'autorisation de plaider est la règle générale, en ce sens qu'elle s'applique à la majorité de ces établissements. Ceci résulte de ce que nous avons décidé au sujet des établissements généraux de bienfaisance et des règles que nous avons exposées au sujet des autres établissements publics ; mais il découle également de ces principes que cette obligation n'est imposée qu'aux établissements pour lesquels un texte spécial l'a édictée.

Nous déciderons donc que tous les établissements publics pour lesquels un texte formel n'est pas intervenu, comme l'Institut, les cinq Académies. les établissements de l'Université, les diverses caisses de l'État reconnues comme établissements publics, ne doivent point être soumis à la nécessité de l'autorisation de plaider (1).

Mais cette solution devra-t-elle être étendue aux établissements d'utilité publique?

On a longtemps confondu les établissements publics avec les établissements d'utilité publique ; aussi la question qui nous occupe n'était-elle pas autrefois formellement résolue.

(1) M. Ducrocq décide aussi qu'en règle générale l'article 1032 du Code de procédure s'applique aux établissements publics ; mais il constate que *la plus grande partie* de ces établissements sont soumis à l'autorisation de plaider. Cette exception se concilie parfaitement avec notre doctrine.

Mais de savants auteurs (1) sont venus distinguer formellement ces deux classes d'établissements, et cette distinction, aujourd'hui universellement adoptée, a permis de résoudre le point qui nous occupe.

C'est notamment au sujet des congrégations religieuses que la question s'est tout d'abord posée. Quelques détails sur l'organisation légale de ces établissements religieux d'utilité publique sont nécessaires pour la complète intelligence de la discussion qui va suivre.

Toutes les congrégations religieuses d'hommes et de femmes avaient été supprimées en France par la loi du 18 août 1792. Le décret de messidor an XII confirma ces dispositions, et établit qu'aucune congrégation d'hommes ne pourrait se former sans être autorisée par un décret (2). Mais, une loi intervenue en 1817 n'ayant attribué la faculté d'acquérir et d'accepter les libéralités qu'aux établisse· ments ecclésiastiques *reconnus par une loi*, on en

(1) M. Aucoc, président de section au conseil d'État, cite M. Ducrocq, doyen de la Faculté de droit de Poitiers, comme le promoteur de cette opinion, que la presque unanimité des auteurs ont adoptée (*Conférences sur le droit administratif faites à l'École des ponts et chaussées*, t. I). Voici les définitions que donne M. Ducrocq dans son *Cours de droit administratif* : « Les établissements d'*utilité publique* sont ceux dont l'existence présente un caractère d'utilité générale et publique qui a été reconnu dans les conditions déterminées par la loi. » — « Les *établissements publics* font, en outre, partie intégrante de l'organisation administrative de la France, ou se rattachent à certaines parties de cette organisation de la façon la plus intime. »

(2) Voir Ducrocq, 5e édit., t. II, p. 617 ; Block, *Dict. d'admin.*, v° CONGRÉGATIONS.

déduisit qu'une loi était nécessaire pour fonder ces établissements.

La loi du 2 janvier 1817 reconnaît la personnalité morale aux congrégations d'hommes reconnues, puisqu'elle leur permet d'acquérir et de posséder, mais sous la réserve du droit d'autorisation du gouvernement (l. 2 janv. 1817, art. 1, 2 et 3 ; ord. 2 avr. 1817, art. 1 et 3 ; cour de Paris, 14 janv. 1868).

Les congrégations religieuses de femmes n'acquièrent une existence légale qu'après avoir été reconnues par le gouvernement dans les formes prescrites par la loi du 24 mai 1825 et le décret du 31 janvier 1852.

L'examen des diverses formes d'autorisation n'entrant pas dans le cadre de nos études, nous dirons seulement que, depuis le décret du 31 janvier 1852, l'autorisation est toujours donnée par décret ; elle est cependant conférée par une loi dans le cas unique où il s'agit d'une association formée postérieurement à l'année 1825, qui présente des statuts complétement nouveaux (circ. min., 8 mars 1852).

Quoi qu'il en soit, les divers textes législatifs sur la matière ont soumis les biens des congrégations religieuses aux lois et règlements sur les établissements de bienfaisance (décret de 1809). La surveillance du gouvernement sur ces établissements a même été plus rigoureuse que pour tous les autres, car nous remarquons, en ce qui les concerne, une absence à peu près complète de décentralisation ; c'est presque toujours l'autorisation du chef du pouvoir exécutif qui est nécessaire pour l'exécution de leurs actes.

Mais les congrégations sont-elles soumises à la nécessité de l'autorisation de plaider ?

Les considérations que nous venons d'énumérer tendraient à le faire admettre.

C'est aussi en les invoquant, et en se fondant sur les termes de l'ordonnance du 14 janvier 1831, qui soumettait les transactions à l'autorisation royale, et enfin sur les dangers qu'il y aurait à laisser aux congrégations religieuses la liberté illimitée de plaider, que le conseil d'État, dans un très-important avis du 21 mai 1841, avis préparé par le comité de législation, se prononçait en faveur de la nécessité de l'autorisation (1).

Mais nous devons faire remarquer de suite que cette opinion ne s'appuie absolument sur aucun texte pour les communautés (et ce sont les plus nombreuses) qui ne sont pas régies par les décrets de 1807 et de 1813. La loi de 1817, pas plus que celle de 1825, ne parlait en effet de l'autorisation. D'ailleurs, nous pouvons remarquer que la surveillance exercée par l'État sur les congrégations n'est pas du tout la même que celle qui concerne les communes. Bien loin d'être conçue en vue de l'inté-

_____

(1) Le conseil d'État avait admis la négative le 13 janvier 1835. L'affirmative était enseignée par M. Block, *Dict. d'adm.*, v° CONGRÉ-GATIONS RELIGIEUSES (1re édit.).

rêt particulier des congrégations religieuses, elle a au contraire pour but l'intérêt général. Ceci résulte bien d'ailleurs des circonstances dans lesquelles intervinrent les lois de 1817 et 1825. L'opinion publique, en effet, voyait avec peine l'extension donnée aux communautés religieuses : elle craignait que leurs biens, autrefois si considérables, ne vinssent peu à peu à se reconstituer si on leur accordait la libre faculté d'acquérir, soit entre vifs, soit par testament. C'est surtout pour donner satisfaction à ces justes craintes que l'on introduisit dans les lois de 1817 et 1825 la nécessité de l'autorisation gouvernementale pour les actes des communautés.

Mais les mêmes raisons n'existaient pas en ce qui concerne les procès, qui, s'ils sont une source de gain, sont aussi très-souvent une source de perte. Il y avait là une question d'intérêt privé et non d'intérêt général.

Enfin l'assimilation qu'on voulait faire entre les communes et autres établissements publics et les congrégations religieuses est loin d'être parfaite.

Les premiers, en effet, constituent un service public et engagent dans des limites différentes les deniers de l'État, qui a intérêt à les protéger. Les congrégations, au contraire, présentent, il est vrai, un certain caractère d'utilité, mais vivent de leur vie propre et ne font en aucun cas appel aux finances publiques, en un mot constituent de simples établissements d'utilité publique.

Aussi le conseil d'État était-il, même avant 1841, bien divisé sur la question tranchée par le comité de législation.

Le comité de l'intérieur, consulté sur la question de savoir s'il y avait lieu de placer les congrégations religieuses, par une disposition législative, sous l'empire des lois et règlements qui régissent les communes, les hospices et les fabriques, s'était prononcé dans un sens absolument opposé à cette doctrine, le 13 janvier 1835 (1).

Tous les auteurs qui ont écrit sur cette matière, et, parmi les plus autorisés, M. Reverchon, qui avait tenu de si près au conseil d'État de cette époque, étaient unanimes à blâmer cette jurisprudence et en prédisaient dès lors le changement, qui du reste ne s'est pas fait attendre.

Un arrêt du conseil d'État en date du 6 juillet 1864 est venu en effet fixer la jurisprudence et décider que les congrégations religieuses n'avaient pas besoin d'autorisation pour ester en justice.

Le débat s'était aussi élevé en ce qui concerne les caisses d'épargne ; mais deux arrêts de la Cour de cassation du 3 avril 1854 et du 5 mars 1856 ont jugé que l'autorisation de plaider ne devait pas être exigée pour ces établissements.

Nous déciderons donc que l'autorisation de plaider n'est pas nécessaire aux établissements

(1) Voir Vuillefroy, *Traité du culte catholique*, p. 202 ; Reverchon, p. 360 ; Foucart, t. III, 2ᵉ édit., p. 628 ; Dufour, 2ᵉ édit., t. II, p. 130.

d'utilité publique. La disposition de l'article 1032 du Code de procédure ne s'applique en effet qu'aux *établissements publics*, ceci résulte du texte même de cet article. C'est aussi une conséquence des principes généraux qui régissent la protection administrative, car c'est seulement lorsque l'intérêt public est en jeu que cette protection intervient. Ajoutons enfin qu'aucun texte n'exige la formalité de l'autorisation pour les établissements d'utilité publique (1).

La jurisprudence s'est de bonne heure prononcée en faveur de l'opinion que nous émettons. Dès 1854, les Cours d'appel repoussaient la formalité de l'autorisation pour les congrégations religieuses (Riom, 3 juill. 1854, *Margent c. Vincent*; trib. civ. de Nevers, 8 déc. 1856, *Moreau c. la communauté des sœurs de la Charité de Nevers*), et le conseil d'État consacrait, nous l'avons vu, cette doctrine le 6 juillet 1864.

Nous avons dit quelle est la jurisprudence en ce qui concerne les caisses d'épargne ; elle s'est prononcée dans le même sens à l'égard des sociétés de secours mutuels (trib. de la Seine, 11 fév. 1860).

Enfin un très-important arrêt du conseil d'État du 18 décembre 1866 est venu, en appliquant ces principes aux monts-de-piété, consacrer en même

(1) M. Ducrocq, 5ᵉ édit., t. II, p. 418.—Cette solution est aussi consacrée par M. Chauveau Adolphe, t. II, p. 265, 5ᵉ édit.; mais cet auteur confond les établissements publics avec les établissements d'utilité publique.

temps par ses considérants la doctrine que nous avons émise (cons. d'État, 18 déc. 1866, *Witter-sheim* c. *Mont-de-Piété de Paris*).

Nous avons essayé d'exposer d'une façon aussi complète que possible les règles qui président à la protection, devant la justice, des communes et établissements publics. Il résulte des textes cités par nous que cette législation, qui a sa source dans l'ancien droit français, a traversé toute la première moitié du XIXe siècle sans subir le contre-coup des tempêtes politiques qui, à plusieurs reprises, ont bouleversé l'administration de notre pays. Juste hommage rendu aux législateurs de l'an VIII et de 1837.

Ce n'est pas cependant que leur œuvre ait été à l'abri des attaques. En 1871, notamment, la commission chargée de présenter une loi sur les conseils généraux avait introduit dans son projet des dispositions renversant entièrement les doctrines que nous avons développées. Il n'était question de rien moins que de confier à la commission départementale, création favorite du législateur de 1871, le droit d'autoriser la plupart des actes de la vie civile des communes et établissements publics, et notamment de les autoriser à ester en justice.

La commission s'était prononcée à une grande majorité pour l'adoption de ce projet, et, si elle y renonça sur les instances du gouvernement, ce fut en réservant la question et en déclarant formellement qu'elle n'abandonnait pas le principe qu'elle

avait émis, et qu'elle en ajournait seulement la
discussion à l'époque où serait présentée la loi municipale (1). Mais les événements en ont autrement
disposé. La loi municipale, depuis si longtemps pro-
mise, n'a pu encore être élaborée ; elle a dû céder
le pas à d'autres projets, et les règles de la protection administrative des communes sont restées ce
qu'elles étaient en 1837.

Il ne nous appartient pas de juger le mérite du
changement proposé par le législateur de 1871,
changement qui peut-être n'aurait pas constitué un
progrès, car la commission départementale, dont
l'utilité ne saurait être contestée, et qui, par sa connaissance des affaires locales, donne au préfet un
concours si éclairé et si précieux pour l'administration des affaires départementales, ne nous semble
pas placée dans les conditions nécessaires pour
exercer ce pouvoir que l'on a appelé la tutelle administrative.

La commission peut, en effet, être composée
d'hommes éminents, dévoués aux intérêts départementaux et les connaissant à fond, mais qui ne
sont pas toujours des jurisconsultes. Or, pour autoriser une commune à ester en justice, il faut être
à même d'apprécier les chances de succès de l'action, la procédure à laquelle elle sera soumise,
les fins de non-recevoir par lesquelles on pourra la
repousser ; on peut être un conseiller général ex-

(1) Voir Ducrocq, *Droit admin.*, t. I, p. 164, 5e édit.

cellent et ne pas posséder néanmoins ces connaissances. D'autre part, nous ferons remarquer que les
conseillers généraux sont souvent en même temps
maires ou conseillers municipaux, ce qui les expo-
sera sinon à être élus juges dans leur propre cause,
mais du moins dans une cause tout à fait identique.
Nous n'insisterons pas davantage sur ces considérations ; nous dirons seulement que le législateur
actuel semble avoir abandonné les projets élaborés
en 1871.

APPENDICE

TEXTES LÉGISLATIFS

SUR LA MATIÈRE.

———

Loi concernant la division du territoire de l'Empire et l'administration. (*28 pluv. an VIII.*)

Art. 4. — Le conseil de préfecture prononcera sur les demandes qui seront présentées par les communautés des villes, bourgs ou villages pour être autorisées à plaider.

Code de procédure civile, article 1032 :

Les communes et les établissements publics seront tenus, pour former une demande en justice, de se conformer aux lois administratives.

———

Loi sur l'administration municipale. (*18 juill. 1837.*)

Art. 10. — Le maire est chargé, sous la surveillance de l'administration supérieure : 1°.....

8° De représenter la commune en justice, soit en demandant, soit en défendant.

15

Art. 19. — Le conseil municipal délibère sur les objets suivants :

1°.....

10° Les actions judiciaires et les transactions.

. . . .

Art. 49. — Nulle commune ou section de commune ne peut introduire une action en justice sans être autorisée par le conseil de préfecture.

Après tout jugement intervenu, la commune ne pourra se pourvoir devant un autre degré de juridiction qu'en vertu d'une nouvelle autorisation du conseil de préfecture.

Cependant tout contribuable inscrit au rôle do la commune a le droit d'exercer, à ses frais et risques, avec l'autorisation du conseil de préfecture, les actions qu'il croirait appartenir à la commune ou section, et que la commune ou section, préalablement appelée à en délibérer, aurait refusé ou négligé d'exercer.

La commune ou section sera mise en cause, et la décision qui interviendra aura effet à son égard.

Art. 50. — La commune, section de commune, ou le contribuable auquel l'autorisation aura été refusée, pourra se pourvoir devant le roi en conseil d'État. Le pourvoi sera introduit et jugé en la forme administrative. Il devra, à peine de déchéance, avoir lieu dans le délai de trois mois, à dater de la notification de l'arrêté du conseil de préfecture.

Art. 51. — Quiconque voudra intenter une action contre une commune ou section de commune sera tenu d'adresser préalablement au préfet un mémoire exposant les motifs de sa réclamation. Il lui en sera donné récépissé.

La présentation du mémoire interrompra la prescription et toutes les déchéances.

Le préfet transmettra le mémoire au maire, avec l'autorisation de convoquer immédiatement le conseil municipal pour en délibérer.

Art. 52. — La délibération du conseil municipal sera, dans tous les cas, transmise au conseil de préfecture, qui décidera si la commune doit être autorisée à ester en jugement.

La décision du conseil de préfecture devra être rendue dans le délai de deux mois, à partir de la date du récépissé énoncé en l'article précédent.

Art. 53. — Toute décision du conseil de préfecture portant refus d'autorisation devra être motivée.

En cas de refus de l'autorisation, le maire pourra, en vertu d'une délibération du conseil municipal, se pourvoir devant le roi en son conseil d'État, conformément à l'article 50 ci-dessus.

Il devra être statué sur le pourvoi dans le délai de deux mois, à partir du jour de son enregistrement au secrétariat général du conseil d'État.

Art. 54. — L'action ne pourra être intentée qu'après la décision du conseil de préfecture, et, à défaut de décision dans le délai fixé par l'article précédent, jusqu'à l'expiration de ce délai.

En aucun cas, la commune ne pourra défendre à l'action qu'autant qu'elle y aura été expressément autorisée.

Art. 55. — Le maire peut toutefois, sans autorisation préalable, intenter toute action possessoire ou y défendre, et faire tous autres actes conservatoires ou interruptifs des déchéances.

Art. 56. — Lorsqu'une section est dans le cas d'intenter ou de soutenir une action judiciaire contre la commune elle-même, il est formé pour cette section une commission syndicale de trois ou cinq membres, que le préfet choisit parmi les électeurs municipaux, et, à leur défaut, parmi les citoyens les plus imposés.

Les membres du corps municipal qui seraient intéressés à la jouissance des biens ou droits revendiqués par la section ne devront point participer aux délibérations du conseil municipal relatives au litige.

Ils seront remplacés, dans toutes ces délibérations, par un nombre égal d'électeurs municipaux de la commune, que le préfet choisira parmi les habitants ou propriétaires étrangers à la section.

L'action est suivie par celui de ses membres que la commission syndicale désigne à cet effet.

Art. 57. — Lorsqu'une section est dans le cas d'intenter ou de soutenir une action judiciaire contre une section de la même commune, il sera formé pour chacune des sections intéressées une commission syndicale, conformément à l'article précédent.

. . . .

Art. 70. — Lorsque plusieurs communes possèdent des biens ou des droits par indivis, une ordonnance du roi instituera, si l'une d'elles le réclame, une commission syndicale composée de délégués des conseils municipaux des communes intéressées.

Chacun des conseils élira dans son sein, au scrutin secret et à la majorité des voix, le nombre de délégués qui aura été déterminé par l'ordonnance du roi.

La commission syndicale sera renouvelée tous les trois ans, après le renouvellement partiel des conseils municipaux.

Les délibérations prises par la commission ne sont exécutoires que sur l'approbation du préfet, et demeurent d'ailleurs soumises à toutes les règles établies pour les délibérations des conseils municipaux.

Art. 71. — La commission syndicale sera présidée par un syndic qui sera nommé par le préfet et choisi parmi les membres qui la composent.

Les attributions de la commission syndicale et du syndic, en ce qui touche les biens et les droits indivis, seront les mêmes que celles des conseils municipaux et des maires pour l'administration des propriétés communales.

Décret du 30 décembre 1809, concernant les fabriques.

Art. 12. — Seront soumis à la délibération du conseil de fabrique : 1º.....

.5º Les procès à entreprendre ou à soutenir.

. . . .

Art. 71. — Ne pourront les marguilliers entreprendre aucun procès ni y défendre sans une autorisation du conseil de préfecture, auquel sera adressée la délibération qui devra être prise à ce sujet par le conseil et le bureau réunis.

. . . .

Art. 78. — Toutefois le trésorier sera tenu de faire tous actes conservatoires pour le maintien des droits de la fabrique, et toutes diligences nécessaires pour le recouvrement de ses revenus.

Art. 79. — Les procès seront soutenus au nom de la fabrique, et les diligences faites à la requête du trésorier, qui donnera connaissance de ces procédures au bureau.

Art. 80. — Toutes contestations relatives à la propriété des biens et toutes poursuites à fin de recouvrement des revenus seront portées devant les juges ordinaires.

Décret du 6 novembre 1813, sur l'administration et la conservation des biens du clergé.

Art. 14. —'Les poursuites à fin de recouvrement des revenus seront faites par les titulaires à leurs frais et risques.

Ils ne pourront néanmoins soit plaider en demandant ou en défendant, soit même se désister, lorsqu'il s'agira des droits fonciers de la cure, sans l'autorisation du conseil de préfecture, auquel sera envoyé l'avis du conseil de fabrique.

Art. 15. — les frais des procès seront à la charge des curés, de la même manière que les dépenses pour réparations.

TITRE III. — DES BIENS DES CHAPITRES CATHÉDRAUX ET COLLÉGIAUX.

Art. 53. — Le trésorier ne pourra plaider, en demandant ni en défendant, ni consentir un désistement, sans qu'il y ait eu délibération du chapitre et autorisation du conseil de préfecture. Il fera tous les actes conservatoires et toutes les diligences pour les recouvrements.

TITRE IV. — DES BIENS DE SÉMINAIRES.

Art. 70. — Nul procès ne pourra être intenté, soit en demandant, soit en défendant, sans l'autorisation du conseil de préfecture, sur la proposition de l'archevêque ou évêque, après avoir pris l'avis du bureau d'administration.

Ordonnance portant règlement pour l'organisation du culte israélite. *(25 mai 1844.)*

Art. 64. — Les consistoires israélites ne peuvent, sans autorisation préalable, intenter une action en justice ou y défendre, accepter des donations et legs, en faire emploi, vendre ou acheter.

Loi sur les hospices et hôpitaux. *(7 août 1851.)*

Art. 9. — La commission (administrative) délibère sur les objets suivants : ....
Les actions judiciaires et les transactions.
Art. 10. — Les délibérations comprises dans l'article précédent sont soumises à l'avis du conseil

municipal, et suivront, quant aux autorisations, les mêmes règles que les délibérations de ce conseil. Néanmoins l'aliénation des biens immeubles formant la dotation des hospices et hôpitaux ne peut avoir lieu que sur l'avis conforme du conseil municipal.

———

Décret portant règlement intérieur du conseil d'État.
(21-25 août 1872.)

Art. 6. — Les recours pour abus et les recours en matière d'autorisation de plaider sont examinés par la section de l'intérieur, justice, instruction publique, cultes et beaux-arts.

POSITIONS.

DROIT ROMAIN.

I. — La perte par cas fortuit de la chose livrée au créancier, dans l'hypothèse d'un paiement fait par le pupille *sine tutoris auctoritate*, produit les mêmes effets que la consommation de bonne foi.

II. — Bien que le tuteur ne doive donner son *auctoritas* que s'il estime *hoc pupillo prodesse*, il peut cependant parfois la donner sans encourir de blâme lorsque le mineur veut faire sa condition pire.

III. — La logique est incontestablement du côté de ceux qui refusaient la *condictio indebiti* contre un pupille ayant reçu indûment *sine tutoris auctoritate*.

IV. — Il résulte de la loi 95 § 2 au Digeste, *de solut. et liberat.*, que Papinien admettait l'obligation naturelle du pupille en dehors de toute idée d'enrichissement.

V. — La *deductio in domum mariti* était nécessaire pour la validité du mariage.

VI. — La formule de la *condictio certi* n'a pas de
demonstratio.

DROIT FRANÇAIS.

DROIT CONSTITUTIONNEL.

I. — Le Sénat a le droit d'amender les lois de
finances ; il possède à cet égard les mêmes pouvoirs
que la Chambre des députés, qui doit seulement
voter avant lui.

II. — Les lois doivent, sous l'empire de la constitution de 1875, porter la date du vote de la dernière assemblée législative appelée à les discuter
définitivement, et non la date du décret de promulgation.

III. — L'origine de la décentralisation administrative est dans les lois de 1831, 1833, 1837 et 1838.

DROIT ADMINISTRATIF.

I. — L'autorisation de plaider n'est pas nécessaire aux communes dans le cas de l'article 15 de la
loi du 21 mai 1836.

II. — Les communes et établissements publics

peuvent se pourvoir en cassation contre un jugement rendu au possessoire sans autorisation du conseil de préfecture.

III. — Les délibérations des conseils municipaux habilitant le maire à plaider pour la commune devant les tribunaux administratifs sont, en fait, soumises au régime des délibérations définitives de la loi de 1837.

IV. — L'article 88 de la loi du 10 août 1871 n'exclut pas le recours pour excès de pouvoir, suivant les règles générales, contre les décisions de la commission départementale autres que celles mentionnées dans les articles 86 et 87.

V. — D'après l'article 18 de la loi du 10 août 1871, le conseiller général nommé à l'une des fonctions comprises dans l'article 8 (n°s 1 à 7) peut conserver ses fonctions jusqu'à la prochaine session du conseil.

VI. — Les ministres sont les juges de droit commun au premier degré en matière administrative.

VII. — La juridiction de la Cour des comptes s'étend à tous les comptables de deniers publics, de droit ou de fait, et par suite aux ordonnateurs qui se seraient immiscés dans le maniement des deniers publics.

VIII. — L'officier ne peut recourir contre la décision qui le prive de son emploi; il peut le faire contre celle qui le prive de son grade.

IX. — Le conflit ne peut être élevé devant les tribunaux de commerce, ni devant les tribunaux de justice de paix.

X. — Le décret-loi du 19 septembre 1870 abrogeant l'article 75 de la constitution de l'an VIII n'a pas eu pour conséquence de donner à l'autorité judiciaire le pouvoir d'apprécier les actes administratifs

PROCÉDURE CIVILE.

I. — Il existe un préliminaire de conciliation *sui generis* en matière administrative.

II. — La nullité qui résulte du défaut d'autorisation de plaider pour les communes et établissements publics est d'ordre public, elle est absolue.

III. — Le tribunal devant lequel le conflit est élevé est toujours tenu de surseoir, sans qu'il lui soit jamais permis de passer outre, alors même que les formes n'auraient pas été observées.

IV. — Le serment décisoire ne peut être déféré devant la juridiction administrative.

DROIT COMMERCIAL.

L'autorisation du conseil de préfecture est nécessaire aux communes et établissements publics pour plaider devant les tribunaux de commerce.

DROIT CRIMINEL.

I. — L'autorisation de plaider est nécessaire aux communes et établissements publics en matière criminelle.

II. — La commune peut échapper à la responsabilité établie contre elle par la loi du 10 vendémiaire an IV, alors même que les deux conditions énumérées par l'article 5 du titre IV de cette loi ne sont pas réunies (1° perturbateurs étrangers à la commune ; 2° mesures prises par la commune pour empêcher les troubles).

ÉCONOMIE POLITIQUE.

I. — Les droits *ad valorem* sont les droits de douanes les plus justes.

II. — Le régime du double étalon monétaire n'est qu'un régime de transition. Le principe de l'étalon unique était écrit dans la loi du 18 germinal an XI; la loi positive devrait le consacrer.

III. — Le système de la balance du commerce est contraire à la liberté et à l'intérêt des peuples.

DROIT CIVIL.

I. — La réserve ne peut pas être invoquée par un héritier réservataire pour réduire la quotité dont le mineur âgé de seize ans peut disposer par testament en vertu de l'article 904.

II. — Le tuteur n'a besoin d'aucune autorisation du conseil de famille pour vendre les rentes sur particuliers appartenant au mineur.

III. — La possession d'état peut être admise comme preuve de la filiation naturelle.

IV. — On doit appliquer la loi du 3 mai 1841, et non la loi du 23 mars 1855 sur la transcription, lorsqu'il s'agit d'une aliénation par suite d'expropriation pour cause d'utilité publique.

V. — Le tiers qui a cautionné l'un des codébiteurs solidaires n'est pas subrogé pour le tout contre les autres codébiteurs solidaires.

VI. — Les droits d'auteur sur les ouvrages publiés au cours d'un mariage sous le régime de la communauté légale tombent dans la communauté.

DROIT FORESTIER.

C'est au conseil de préfecture qu'il appartient de prononcer sur la question de savoir si les droits d'usage appartenant à une commune sur les bois de l'État ou des particuliers sont d'une nécessité absolue pour cette commune, et par suite ne peuvent être rachetés.

TABLE DES MATIÈRES.

DROIT ROMAIN.

DE L'AUCTORITAS TUTORIS.

DROIT FRANÇAIS.

DES AUTORISATIONS DE PLAIDER.

PREMIÈRE PARTIE.

Communes.

SECONDE PARTIE.

Établissements publics.

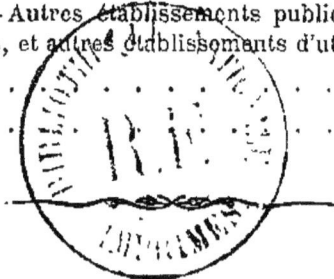

Vu par le doyen, président de
l'acte public,
TH. DUCROCQ.

Permis d'imprimer:
Le Recteur,
CH. AUBERTIN.

Les visas exigés par les règlements sont une garantie des principes et des opinions relatives à la religion, à l'ordre public et aux bonnes mœurs (statut du 9 avril
1825, art. 41), mais non des opinions purement juridiques, dont la responsabilité est
laissée au candidat.
Le candidat répondra en outre aux questions qui lui seront faites sur les autres
matières de l'enseignement.

Poitiers. — Typographie A. Dupré.

www.ingramcontent.com/pod-product-compliance
Lightning Source LLC
Chambersburg PA
CBHW071615210326
41519CB00049B/2135